作者简介

　　刘北平（曾用名刘平），1957年生，湖南省溆浦县人。早年上山下乡，后从事新闻宣传和秘书写作等工作。业余时间着笔于文学评论、思想杂谈、经济论文等，有《天草笔论》出版。文学评论及思想杂谈20余万字见诸《创作与评论》《文学风》《湘声报》《法制时报》《边城晚报》及中国作家网等，代表作有《认识中国人与自己》《〈大清相国〉：理想中的人物形象》《执政实践的艺术再现——评邓宏顺的长篇小说〈贫富天平〉》《浓缩生活的沉美诗篇——向书豪作品评析》《在生活的深度里发掘——评古马的诗》《重视文学作品的思想深度》等，经济论文见诸《中国粮食经济》《粮食问题研究》《粮食经济与科技》《粮油市场报》等，多次获省级以上奖项。

RENXING ZHI BEN DE SANWEI POJIE

人性之本的三维破解

刘北平

著

九州出版社
JIUZHOUPRESS

图书在版编目（CIP）数据

人性之本的三维破解/刘北平著.--北京:九州出

版社，2024.7.--ISBN978-7-5225-3052-9

Ⅰ.B038

中国国家版本馆CIP数据核字第20249CW201号

人性之本的三维破解

作　　者	刘北平著	
责任编辑	陈春玲	
出版发行	九州出版社	
地　　址	北京市西城区阜外大街甲35号（100037）	
发行电话	（010）68992190/3/5/6	
网　　址	www.jiuzhoupress.com	
印　　刷	长沙市精宏印务有限公司	
开　　本	710毫米×1000毫米16开	
印　　张	14	
字　　数	200千字	
版　　次	2024年7月第1版	
印　　次	2024年7月第1次印刷	
书　　号	ISBN978-7-5225-3052-9	
定　　价	78.00元	

自　序

　　人有善恶，这一点在日常生活的感受中，几乎没有什么值得怀疑的，但当人们说起人在本质上也有善恶的时候就成了一个问题。古今中外，思想理论界为此争论不休，大致形成了四种观点：人性本善，人性本恶，人性本无善恶和人有善恶。人有善恶从其阐述的情形上看，指的不是人在本质上的存在，而是后天的养成。这样一来，人在本质上的存在就只有三种观点。这三种观点在东西方历史的长河中并驾齐驱，影响着人们的思想观念、生活方式以及社会进程。但这些观点对吗？

　　从真理求证的角度上讲，它的结论总是唯一的，多种观点并驾齐驱的情形，要么其中之一是正确的，要么都不正确，至少都是有缺陷的。

　　人类社会运动归根结底都是以人为中心的运动，都是人的本质运动。人的本质问题如果始终悬而未决，人们就无法认识和改造自身的行为。长期以来，思想理论界的莫衷一是所产生的混沌状态，又使这一问题解决起来变得十分棘手。从启笔的那一刻开始，我就知道这不是一件很容易的事，也做了很长时间的思想准备，探索到其中的问题和解决方法，但真正到了一步一步写下去的时候，才知道其中的难度之大，问题之多，是我写作经历中从来没有遇到过的事情。有时候心情变得十分郁闷和烦躁，一旦有了突破，又像是从来没有过的那种"伟大"。就是在这种郁闷和兴奋、磋磨和畅然中，我艰难地前行着。我知道，一旦中断，就会放弃。

　　我是一个喜欢独处的人，常常跑到林子和水边去。说是写作，仍有大半时间是在思考。年龄大了，容易忘记，就记在本子上，累计起来就是上百个问题，这些问题对于理顺我的思路、破解其中的难点、参透其中的逻辑联系有了很大的帮助。我这一生从很小的时候开始，就不知道为什么总是在不停地想事情想问题，以至于成为我生活中的一种累赘。我想，这是一种病症么？这种累赘也使我更加聚力于内而对人的世界充满了忧虑和展望。

　　古代的哲学家和思想家提出了一个很有趣的命题，就是"我是谁，我们从哪里来，我们到哪里去"；中国也有"杞人忧天"之说。看起来都是些莫名其妙的事，其实都很严肃。人如果只躺在万事无忧中生存，甚至嘲笑"杞人忧天，庸人自扰"，那么一个人、一个民族、一个国家就很难进步。

我很佩服鲁迅先生的文章，他用匕首般的笔剖析社会丑恶，赞扬新生事物。我很喜欢《论求知》《愚公移山》这样精彩而富有智慧的文章，一边论证一边下结论，一边下结论又一边论证，通过层层推进来完成对事理的阐述，使我感到了文字建筑的高深莫测。我不知道我书中的这些文字和图表是否能够简明地表达我的论证，抑或对他人是一种嚼蜡？我是一个不敢怠慢且认真得有些木讷的人：有时候人在逻辑中，就像一只蚂蚁爬进丝瓜瓤里很难出得来；有时候为了写好一段话，三遍五遍地去修改，其中的艰辛就更是难以言传了。

我一生没有太大的波折，但是充满了对人生的苦楚和对善恶的体验，这种体验成为我努力去完成这本书的原生态的动力。作为一个身处基层、性情有些怯懦而又喜欢不停思考的人，我在耳顺之年的前后，投入了最大的精力，付出了最大的努力去完成这本书，我想：我是值得的。

屈指算来，这本书稿花了我整整十年的时间。修来改去，写写停停，其文字量已远远超出现有的篇幅，加之对其长期的思考和结构上的准备，时间就更长、费力也更大了，这一点我在书的《引言》之中也有阐述。

对于人的本质问题的系统论证，到目前为止，还没有一本这方面的专著，有的只是观点、散论、臆测，以及人类学、生物学、心理学、医学等相关著作的旁及。本书是想从正面系统地回答这一问题，破解人性之本的实际存在，揭示它的原理及延伸。书中虽然涉及了社会学、人文学、哲学等方面的问题，但作为我个人来说，它仍然是一本思想类、通俗类读物，以期与那些学术类和政论性作品相区别。

2022年4月18日于长沙

目　录

引　言

　　很久以来，一个沉重的话题时时困扰着我，使我常常有着负重感。我曾经试图逃离它，但终于不能成行。当我的思维稍稍有所清晰的时候，我才隐约地感到，这大概是我人生经验的召唤和我在读书之余的隐忧罢。直到1993年，国际大专辩论赛（现更名为"国际大学群英辩论会"）把人性本善（正方）、人性本恶（反方）作为一个论题加以辩论的时候，我才深深地感到，我要厘清的大概就是这一问题了。

　　国际大专辩论赛在华语世界中很有影响，除了中国大陆、中国台湾、中国香港、中国澳门、新加坡等地的知名大学组队参加以外，剑桥大学、哥伦比亚大学、波恩大学、法国国立东方语言文化学院等世界知名大学热爱华语的学员也组队参加。从1986年至今已在北京、新加坡举办了数十届，所选辩题在世界范围内征集，参赛辩题正、反归属由抽签决定。1993年的国际大专辩论赛就人性本善、人性本恶的论题在台湾大学队（正方）与复旦大学队（反方）之间进行决赛，精彩绝伦的辩论赢得了在场学者们的阵阵掌声，美国哈佛大学东方语言及文明学系教授杜维明先生代表评委作了风趣而又认真的点评。评委们的共同感受是：虽然反方略胜一筹，但正方的论点仍然不能推翻，也就是说辩论上的胜负不等于观点上的明灭。

这次辩论赛引起了我极大的思考。我想，人类社会发展到了今天，人类对于自身的根本问题仍然没有定论，甚至处于混沌状态而无法破解，这不能不说是人类的一种悲哀。2003年，哲学三元论创立者黎鸣先生出版了一本书叫《中国人为什么这么"愚蠢"——21世纪中国人应当怎样变得聪明起来》（华龄出版社出版），从文化视野的角度上阐述了中华民族存在的种种症结与沉疴，相比于李宗吾先生的《厚黑学》、柏杨先生的《丑陋的中国人》，在批判性方面还要深刻和尖锐，黎鸣先生在中国也因此有了"思想狂徒"之称。该书在《人学原理篇》中，简要地阐述了人性之本的学理问题，这既是全书在结构总论上的需要，也是黎鸣先生想从本源上解决人的本质问题，当然他的结论是：人性本恶，这与西方社会在这一问题上的认识是一致的。

但我时时都在想，既然人性本恶，那么，在现实生活中为何又有善的存在？也就是说，既然人在本质上没有善的存在，那么善又是从哪里来的呢？如果说是学来的，那么这种善就与人的本质无关，但自古以来为何又有人性本善观呢？

当一种理论无法解释它所面临的全部问题的时候，它就有可能是理论本身出了问题，如果理论本身出了问题，那么从逻辑学上讲就是对理论的推翻。事实上，包括古代和现代所有关于人性本恶观、人性本善观或者人性本无善恶观的认定，都是不能单方面解释人的全部善恶现象的，甚至带有很大的臆测成分。这就是说，人性之本可能还有其他存在形式，或者说是以其他形式存在的。

人类社会的进步都是人的进步，这种进步必然与人的本质发生着天然的联系，破解人的本质对于人类社会来说也就至关重要，长期以来，人们为此付出的种种努力和探索都是值得的。人类社会经历了太多的苦难，走过了太多的弯路，如果人的本质得到了破解，那么人就能够在认识上扬长避短，就能够舍弯取直，加快人类社会进程，以中华文明五千历史为例，发展到今天的样子，大约用一两千年时间就够了。

第一章　人性之本的提出与悬疑

　　善恶成为人的本质命题或者人性之本，最早应当源于人们对人际关系的认识。人际关系是一切社会关系的起点与归宿。人一出生就离不开人际关系，人在人际关系中表现出来的终极关怀和最终特征是什么呢？当然就是人性善恶。这一命题引起历代思想家、哲学家、社会学家的关注，包括他们从各自不同的角度提出的问题和观点，自然也很合理。但这正如哥德巴赫猜想，看起来就是一个1+1的简单问题，证明起来却十分困难，以至于到目前为止，还不能得到最终论证。人的本质问题也一样，虽然自古至今众说纷纭，但终无定论，甚至让人怀疑它是一个伪命题，一个无解之谜，其实不然。

　　提到人的本质或者人性之本，首先要回答的就是什么是本质。哲学上一般认为本质是事物本身固有的根本属性，或者某类事物区别于它事物的基本特质等。在本质概念运用的过程中，人们又常常把规律当本质来看待。其实，规律只是事物的一种周期性运动，在这种周期性运动背后起作用的才是本质，也就是说，规律只是本质产生的一种重复性现象，具有周而复始的特点。通俗地理解，本质应当是事物原始根性产生的一种固定因素，这种固定因素一经产生就不受外部环境的影响而独立存在，并在事物运行的过程中发挥着基础性作用。本质使事物之间有了深度差异，表现出事物的某种特有意义或者说是个性。这种特有意义也是一种现象，但它是事物剥离所有现象的最后现象。现象是事物的生成，不是事物的本身，这就使得事物的本身与事物的本质有了区别，而不至于把蛋白质、基因等当成事物的本质来对待。强调这一问题，是想把一般自然学科对事物的本质研究与一般社会学科，特别是人文学科对事物的本质研究区分开来，以明确人的本质在后者的范围。人的本质一旦从人的原始根性中产生，就决定着人的行为的基本取向，影响着人的一生。这里再重复一下，人的本质在中国的哲学里被称之为人性之本，是中华民族对人的本质认识的特有表达。

自古至今，人们对人的本质又有哪些探索呢？

一、东西方关于人性之本的提出

"善恶"一词最早见于中国古代《诗经》《易经》和《尚书》。《尚书》有"德维善政，政在养民""树德务滋，除恶务本"；《易经》有"人道恶盈而好谦"等，这时候的善恶，并没有与人性之本联系起来。到了春秋战国时期，孔子才有了人性本善的认识，他说"性相近也，习相远也"。这种"性相近也"是他"仁者人也"的具体体现，所谓"仁者人也"指的是人与生俱来就有仁道的天性。孟子在孔子的基础上进一步发挥，说"人性之善也，犹水之下也，人无有不善，水无有不下"，这实际上已经明确提出了人性本善的观点。到了宋代，作为当时人们启蒙教育课本的《三字经》，则把孔孟之说归纳为"人之初，性本善，性相近，习相远"四句经典在民间广为流传。孔孟之道作为建立和维护中国封建社会秩序的基石，得到了历代统治集团的认可，尽管在漫长的历史过程中出现了以荀况、商鞅为代表的人性本恶的思想，但也无法撼动孔孟人性本善之说的历史地位。孔孟人性本善的观点在中华民族历史进程中产生了巨大的影响。

在西方，古希腊和古希伯来宗教文化长期统治着社会。从古希伯来宗教文化演化而来的基督教一直是西方社会的精神支柱，基督教认为人生下来就是有罪的，这种罪来源于他们的祖先亚当和夏娃。亚当和夏娃偷食了智慧之果，懂得了男女羞耻之事，犯了人类最早的奸淫之罪，而有了人类的原罪。到了宗教改革领袖路德·加尔文时期，形成了人性本恶的原罪论观点，他与他的追随者认为：任何人生下来就是恶人，只有笃信上帝，才能获得灵魂的拯救。古希腊的传统哲学在人性本恶还是人性本善的问题上，把善定义为知识，倡导"善即知识"。这一观点，由苏格拉底在智慧、德行的基础上推演而来。既然知识不是人与生俱来的东西，那么就只有通过后天的学习才能得到，善也就失去了人的先天之源，也就排除在人的本质之外，这就有了西方人性本恶的哲学观。西方的宗教始终统治着西方人的精神世界，人性本恶的观念也得到了西方社会的普遍认同。

二、近代理论对人性之本的探索

不管是东方还是西方，在古代社会里，人们虽然提出了人性本善、人性本恶的观点，但由于受到当时社会文化进程和认识水平的限制，都没有对这些观点进行过系统化的具有科学意义的理论论证，多的只是作为一种观念植入人们的认识之中而让各种不同的群体笃信。当时的争论是有的，就中国古代社会而言，除了以人性本善与人性本恶为代表的孟荀之争之外，战国初期的思想家世硕提出"人性有善有恶，举人之善性，养而致之则善长；性恶，养而致之则恶长"；道教学派的代表人物庄子认为，人的本性无知无欲，也就无所谓善恶；墨家门生告子则进一步认为人的自然属性不具备道德的意义，善恶的产生为后天风俗所致；汉代哲学家董仲舒则认为"善出于性，而性不可谓善"，性中有情，情是恶的，并把人性分为三品，有所谓"圣人之性""斗筲之性"和"中人之性"；等等。与中国古代人性本善观点趋同的，西方有苏格拉底、亚里士多德、费尔巴哈等，与人性本恶观点趋同的有古罗马时期的思想家奥古斯丁·霍布斯，文艺复兴时期的尼科罗·马基雅弗利等，特别是马基雅弗利关于人的共同本性是人的自私、利己的本性之说逐步主导了西方社会的价值观。

　　尽管如此，古代中外关于人性之本的争论，不管高低深浅，或议或论，或针锋相对，总体上属于一种思辨上的阐述，并且侧重于实例说教，虽有些哲学意义，但远不能征服对方，大有各抒己见、自圆其说之嫌，其学术和理论意义不大，只是随着世界科技革命的兴起，人们才对人的本质问题有了真正理论意义上的探索和认识。

　　《物种起源》是达尔文在1859年出版的一部划时代的著作。著作第一次对整个生物界的发生、发展和变异过程做出了深入研究，揭示了"物竞天择、适者生存"的生物进化的基本规律，创立了生物进化论学说，被恩格斯列为19世纪与细胞学说、能量守恒和转化定律并行的三大自然科学发现之一。英国哲学家斯宾塞对达尔文生物进化论进行了演绎，创立了"社会达尔文主义"的理论，提出了"弱肉强食，物竞天择，适者生存"的社会学观点。社会达尔文主义在人口生存和控制的议题下，为阶级压迫和战争提供了理论依据，受到了后来学者的普遍摈弃，但他把达尔文的生物进化论的原理运用于社会学科的研究方法并没有错，或者说是可取的。[①]
事实上，人作为生物进化过程中的产物之一，是很难独善其身的，也逃脱
不了"弱肉强食，物竞天择，适者生存"的自然选择。2007年，中国学者
梅朝荣写成了《进化论：弱肉强食的故事》[②]一书，颇为畅销，其书名除了
学者本人外，还加上了达尔文的大名，说怪也不怪。从生物进化论到社会
达尔文主义的出现，虽然他们都没有正面提出人性之本的直接命题，但在
人性善恶方向上的取舍已十分明显，或者说他们就是人性本恶论者。

　　马克思作为世界共产主义运动的伟大思想家和政治家，在相关著作中
就人的本质问题进行了探讨。马克思把人的本质作了三方面的界定：一、
劳动或实践是人的本质。他在《1844年经济学哲学手稿》中指出：人的生
命活动具有劳动实践的特有方式，而劳动实践活动是人和动物最本质的
区别，也是人的所有特性产生的根据。二、人的本质是一切社会关系的
总和。马克思在《关于费尔巴哈的提纲》中指出：人的本质不是单个人所
固有的抽象物，在其现实性上，它是一切社会关系的总和。人类社会存在
着两种关系，一种是自然关系，一种是社会关系。马克思认为，人的本质
离不开与自然界的密切联系，但更重要的是由社会关系决定的，一切现实
的人都是一切社会关系的总和，而社会关系的核心是生产关系，在此基础
上才形成了政治经济、法律道德、宗教宗族等错综复杂的社会关系，并从
不同侧面、不同层次反映着人的本质。三、人的需要即人的本质。马克思
在《德意志意识形态》中指出：他们的需要即他们的本性，需要的发展是
人的本质力量的新的证明和人的本质的新的充实。人类社会发展史是一部
人的需要即人的本性的不断改变和发展的历史。离开了人的需要，人的

————————
　　①邵鹏.社会达尔文主义：被时代抛弃的主流思潮［J］.经济观察报，2021-2-20.
　　②［英］达尔文.进化论：弱肉强食的故事［M］.梅朝荣，译.武汉：武汉大学
出版社，2007.

一切实践活动和一切社会关系都会变得没有价值。从这个意义上讲，人的需要即人的本质也是对前两个界定原因的揭示和综合。马克思的三个界定，构成了马克思关于人的本质的理论体系。其中，马克思关于人的本质的表述为：在其现实性上，它是一切社会关系的总和。这一表述被认定为他的经典表述。

李宗吾是我国20世纪三四十年代行为学方面的思想家，是"厚黑学"的创立者。他多以随笔的形式，在当时的报刊发表针砭时政的文章。随着文章的不断积累和影响力的不断扩大，厚黑学的思想脉络逐步形成。在此基础上，他从哲学、社会学、心理学的角度加以阐述，建立起了厚黑学的理论体系。除了他自己整理成书的几个单行本外，后人编辑出版的《厚黑大全》集中收录了李宗吾的重要论文和专著，其中《厚黑学》《厚黑原理》《厚黑丛话》《中国学术之趋势》《社会问题之商榷》是李宗吾先生的代表性作品，而《心理与力学》是作者自认为的"厚黑学"在学理方面的根据，被后人编为《厚黑原理》。"厚黑"之说在抗战末期风行一时，80年代又成为中国台湾、中国香港地区及日本的畅销书，国内版本有十几种之多。

《厚黑原理》作为厚黑学总纲论及了人性之本的问题。李宗吾认为："人性本来无善无恶，也就是说可以为善，可以为恶。"他引进中国古代告子之说："性犹湍水也，决诸东方则东流，决诸西方则西流。"也就是说，人在本性上"导之以善则善，导之以恶则恶"。而水之所以能向东流或向西流，主要是由地球引力引起的，而地球的引力又有向心力与离心力之分，这两种力同时也影响着人们的心理变化。当人们觉得事物对自己有利的时候，就会产生向心力，不利的时候就会产生离心力，这叫"心理按照力学规律而变化"。在这一原理的指导下，李宗吾认为：人不仅在本质上没有善恶之分，而且行为上同样也没有善恶之分，只是这种行为的结果能够生出种种祸福来；"厚黑"作为人的一种行为方式，本身也没有善恶之分，"厚黑"用在正当的地方就会产生善的结果，用在不正当的地方就会产生恶的结果。厚黑学运用牛顿万有引力定律，解释社会学方面的问题在方法上是可贵的，但结论是随意和盲动的。

黎鸣在《中国人为什么这么"愚蠢"——21世纪中国人应当怎样变得聪明》一书中也涉及了人性之本的问题。他把人的属性分为三个层次：即人的生物属性、人的社会属性、人的精神属性。他认为：人的生物属性偏于恶，人的社会属性善恶交错，人的精神属性偏于善。人在生物属性上的恶，主要表现为恶的潜意识，任何人在这一层次上都有以邻为壑、损人利己的倾向，如果现实生活缺乏外部压力，这种恶的潜意识就可能变成恶的显意识，并表现在行为上，这一层次上的恶表现为人的原恶。而人在社会属性上的善恶意识，一般很难判断为人性善恶，即难说人性本善，也难说人性本恶。在精神属性上人们更多地反映出来的是对善的追求，基本不涉及恶的意识。

对于人的原恶，黎鸣认为有三种形态：即任性、懒惰、嫉妒。并对这三种形态作了理论上的阐述。通俗的理解是：任性是人的个性毫无约束的张扬；懒惰是人在轻易获得满足的情况下产生的一种恶习；嫉妒是对个人得失的绝望而转化成对他人的恶意行为。同时认为人也有三种原欲，即食欲、性欲、知欲，人的原欲同人的原恶一样，与人的生命同始终，生要带来，死要带去。而人的原欲是人类获得的生命满足的支柱，是人类向善的基本的坐标；人的原恶则是阻碍社会进步的人类自身的劣根性。很显然，黎鸣在这里把人的原恶与人的原欲区分开来，主要是有利于他对人性之本研究的方便，当然他得出的结论就是人性本恶。

在人性之本的探讨上，还有一些读物采取主题先行的办法，即认定人性本善或者人性本恶，然后列出种种事例来加以陈述和证明，如国际大专辩论赛对此的涉及等，逻辑上虽然属于不完全归纳推理，具备某些教育和认识意义，但其理论价值不大，也不是真正意义上的论证。另有一些专家学者在探讨人的善恶问题时，不是把它作为人的本质特征来对待，而是作为社会观之一的善恶观来对待，引出一些包括事实判断与价值判断等方面的伦理与是是非非，就不在此讨论之列，其实这些观点也多是些自圆其说的话题。

三、人性之本的争论焦点与悬疑

从人性本善、人性本恶观点的提出到现代理论的探讨，争论就一直没有停止过。这些争论涉及的领域十分广阔，内容非常丰富，但综归起来，其焦点并不复杂，这里不妨就文中已经提出的相关观点和理论加以分析。

中国古代提出的"人之初，性本善，性相近，习相远"是人性本善观的鲜明表达。但什么是"人之初"呢？有两层意思可供参考：一层是指最早的人类，但这层意思显然不是原话所指；另一层就是指人脱离母体的那一刻，即新生命的诞生，这一层应该是"人之初"的原意，与"性本善"联系起来，就是人生下来本性上或者说本质上就是善的。中国人为什么会有这种认同呢？民间有句常言，叫人非草木，有感有情；人非禽兽，知恩图报。初一看，这没有什么不对，也很合常理，但仔细推敲一下就可以知道，它为人性之本观预设了一个前提，就是人一生下来就有别于其他生物而存在：人既不是动物，也不是植物，人就是人；这种人有着固有的本性（性本善）、固有的学习能力（习相远）。在这种预设的前提下，人的生物属性被有意无意地否定了，人性本善观也就隐含着人的超生物优越感，在这种超生物优越感的基础上形成的对人的本质的认识肯定是不彻底的。如果按照这种观点去反向思索一下，即便是说"人之初，性本恶"也没有什么不对。

　　古代西方的原罪论建立在宗教的基石上，是西方人性本恶观的传统依据，宗教不是科学，从理论上看似乎没有太多的探讨之处。但细究起来，其中也包括一些自然因素。天神耶和华取尘土之物造就了亚当，取亚当之骨造就了夏娃，他们的结合便有了人类最早的夫妻，按古代先知们的意思，亚当和夏娃的原罪始于他们偷食了智慧之果，懂得了男女羞耻之事，到了路德·加尔文时期，就变成了"任何人生下来就是恶人"，这里面透露出来的信息是什么呢？亚当是最早的人类，而夏娃是从亚当身上取出来的骨肉，他们的结合，按现代观点来说，就是直系血缘关系，类似于我们今天讲的兄妹关系，或者说得更专业一点，就是一个人自身细胞的克隆。要知道，人类在繁衍生息的过程中已经认识到了近亲结合的危害（细胞克隆的动物也活不长久），这种危害直接造成了人种退化和免疫力的下降，并给人类社会带来了巨大的灾难。当年路德·加尔文是不是也有意无意地认识到了亚当和夏娃的结合具有某种不正当性呢？如果是这样，那么他的"任何人生下来就是恶人"就有一定的道理，而人的性婚关系也是人的生物属性关系，这是不是可以说，古代西方在人性之本的溯源上较之东方的中国更为深层次一些呢？

　　达尔文的生物进化论遇到了当代基因学的巨大挑战。基因学的研究成果肯定了生物基因超常规的稳定性，即在生物发生、发展、变异的过程中，基因是始终不变的。而时至今日的考古，也没有发现人是由除人以外的生物演变而来的中生代产物。从比较上看，生物进化论与基因学的研究成果的分歧主要不在于人是不是生物以及生物的发生、发展方面，而在于生物由低级到高级的变异过程。即某种生物是否有可能会变异为另外一种生物，生物进化论是肯定的，基因学是否定的。但这种肯定与否定在人的生物属性上以及由此产生的本质认定上并不存在着分歧。英国当代物理学家霍金说：人类基因本身携带了"自私、贪婪"的遗传密码，而从生物进化论包括社会达尔文主义的"弱肉强食"观点的表达上推论，也都肯定了人在生物属性上具备了恶的根源。

马克思关于人的本质"在其现实性上，它是一切社会关系的总和"（这里只引用他的经典表述）的理论，实质上已经撇开了人的生物层面仅在社会层面研究人的本质问题，并在善恶归属问题上没有正面回答。这里是否可以这样理解：当社会制度建立很好，社会关系适应于生产力发展的时候，人的本质就显示出善的一面，否则，就显示出恶的一面，也就是说，人的本质是随社会关系的变化而变化的。马克思生活的年代，正是资本主义社会原始积累阶段，贫富对立、阶级压迫和剥削十分深重，创立无产阶级革命理论，推翻资产阶级政权成为马克思主义的中心任务，如果当时把人的本质从人的生物属性中提取出来，也不利于团结广大无产者而形成广泛的斗争阵线。马克思的阶级斗争观，现实上是为了改造社会制度、建立新型社会关系而为之。马克思是一位唯物论者，也是一位实践论者，两者结合起来，就是实践唯物主义，阶级斗争观是马克思实践唯物论的集中表达。马克思在《共产党宣言》中对科学社会主义做了最美好的勾勒，认为那是一个没有阶级、没有剥削和压迫、社会财富极大丰富，人们能够充分享受自由，能够各尽所能、按需分配和人人德行高尚的共产主义的理想社会，结合他在人的本质的理论体系中论及的"劳动或实践"和"人的需要"的观点，不难看出，马克思实际上是一位人性本善论者。

李宗吾先生的厚黑学原理在运用地球引力对人的行为的影响方面，有其独到之处，但他没有就这种影响在人的生物层面上展开研究是十分遗憾的。譬如地球具有引力，人又是地球的产物，这种引力是否可以转化为人的生物引力呢？事实上，"厚黑原理"从一开始，就把人当成一张白纸，"导之以善则善，导之以恶则恶"，他虽然承认人的生物属性，但同时又否定人的生物属性与人的本质的联系，这种否定也使李宗吾先生自己陷入了迷茫之中，陷入了对人的本质认识的"不可知论"之中。他早期的随笔抨击时政，揭露官场黑暗和人的恶习，但当他的文章在社会上引起了巨大反响甚至得到某些人的认同和效仿的时候，他在理论上又来了一个一百八十度的大转弯，认为那些厚黑行为不管怎样都有其正当的一面，出了问题只是用错了地方，包括他的"锯箭法"和"敲锅法"也没有不妥之处，就连岳飞与秦桧、宋高宗之斗也是心理引力分合的结果，特别是他的善恶观在圆圈分层的表述上，完全否定了事物的确定性。这种理论上的混乱，也造成了当时甚至包括现代人思想上的混乱，有人因此写出了《活学活用厚黑学》一书，颇受欢迎，并且有很大的市场发行量。要知道，人类社会不管是从理论还是从现实上看，如果没有了善恶观，那是非常危险的。其实李宗吾理论的张力，在其现实上表现出的就是对人的作恶的谅解，这与西方人性本恶观是趋同的，也就是说，李宗吾先生在人的本质问题上是人性本恶论者。

黎鸣在《中国人为什么这么"愚蠢"——21世纪中国人应当怎样变得聪明》一书的《人学原理篇·人性原恶与原欲》章节中是想破解人性之本问题。就其人的生物属性产生人的本质而言，我都觉得他已接近于的问题实质，但他接下来又出现了自我否定。黎鸣的问题出在哪里呢？这里有三点值得提出：一、他承认人的生物属性产生人的本质；二、人的生物属性有原恶与原欲之分，原恶表现人的本质，原欲则是人类获得生命满足的支柱，是人类向善的坐标；三、原恶有三种具体形态，即任性、懒惰、嫉妒，原欲也有三种形态，即食欲、性欲、知欲，但后者与人的本质没有联系，甚至在善恶归属上各奔东西。黎鸣的第一点从研究对象上讲是对的，探讨人的本质，必然要追溯到人的生物属性上，任何脱离这一属性的研究都是不彻底的；黎鸣的第二点则出现了分歧，即人的生物属性分别产生了恶与善，但他的结论又是人性本恶。黎鸣的第三点虽然区分了原恶与原欲各自不同的三种形态，但又忽视了它们之间的联系而与现实情况相违，事实上人的任性、懒惰、嫉妒在现实生活中往往是以食欲、性欲、知欲的形式表现出来的，这种忽视实际上也架空了原恶的基础。

除了上述主要观点和理论之外，中国古代的善恶争论中还提到了战国初期的思想家世硕提出的有善有恶论，道教学派的代表人物庄子的无善无恶论，墨家门生告子的善恶养成论，以及汉代哲学家董仲舒提出的善恶兼容论。这些观点虽然理论意义不大，但也是一种思想认识。世硕坚持人的个体集善恶于一身，养善则善长，养恶则恶长，这实际上是把人的本质与后天的养成混为一体。庄子坚持人的本性无知无欲也就无善无恶，但老庄的无为哲学又倡导人性本善，这种自相矛盾与李宗吾先生所谓的人性如一张白纸一样，只是在善恶归属问题上各奔东西。告子则认为人是自然之物，人的自然属性不具备道德意义，善恶为后天养成，则混淆了道德与人性的边际，但他同时又承认人"性无善而无不善"，意思是说，人的本性虽无善，但人又无不是善的，这本身也是一种矛盾。董仲舒提出的善恶兼容论是在一种主观推断的基础上得出的结论，即性产生善，同时又产生情，情又是恶的，与此同时，他又否定人"性"的本身有善恶，这实际也就是认定人的本性没有善恶，善恶只是本性间接生成的产物，特别是他把人性分为"三品"，更是有些诡异。面对这种观点，如果当人们问起他人性之本到底是善的还是恶的时候，他可能无法做出回答，或者只能说些似是而非的道理，如同"白马非马"的演绎。

综观上述的分析和比较，就主流观点和理论而言，人性本善、人性本恶的争论焦点大致集中在：承认人的生物属性与人的本质的联系则主张人性本恶，否定或者忽视人的生物属性与人的本质的联系则主张人性本善。二者之间虽有交织，但不影响这一焦点的最终形成。

持有人性本善观点的东方，以中国为例，在社会治理方面要滞后一点，以至于走过了三千余年的封建社会，按现代学者研究的观点来说，就是中国的中世纪特别漫长，其社会治理的方式主要表现为"内敛式"特征，即对内实行严格的管教，包括社会、家庭直到师生师徒关系等，其中尤为突出的是皇权时期的对内暴政，民国时期"攘外必先安内"的政策。对外则实行仁政，多以宽容、亲善、通婚的方式构建睦邻友好关系，这大概也是外来民族愿意把自己的国土并入中原的成因之一，结果是内政处理不佳，外政形象颇好，当然中国历史上也间或出现过像"文景之治""贞观之治""开元盛世""永乐盛世"等这样良好而短暂的内部社会环境。持有人性本恶观点的西方，以美国为例，他们建国虽晚，但在社会治理上有趋前的一面，国内阶级矛盾相对趋缓，少有暴力对抗产生的政权更替，人文环境得到较大改善，对外则表现出强力扩张的特征，叫内修国力，外施强权，结果往往是内政处理较缓，外政形象不佳。

人性本善、人性本恶这两种完全不同的观点，从社会实践上看，既有可贵的一面，也有不足的一面。就其不足的一面而言，从它们的内部都无法找到与之匹配的办法加以解决，这是因为，这种不足本身就是两种观念各自自身矛盾产生的必然结果：持有人性本善观点的人认为，人虽有恶行，但这种恶行来源于后天的学习，与人的本质没有联系，既然这种恶与人的本质没有联系，那就可以通过外力来加以消灭，中国有句教育孩子的俗话，叫作"不打不成人，棍棒下面出孝子"，这既是家庭教育的一种观念，也是苛政和社会暴力的原型，其结果是好心办了坏事，走向了人性本善的反面。持有人性本恶观点的人认为，恶是人的本质，是人生下来就有的一种原罪，善只不过是后天学习知识的结果，既然恶是人的本质那就不可能消除，就可以允许它的存在，特别是当外力和规则无法触及它的时候，这种恶就可以得到释放和纵容。美国社会有一种心理，就是当世界秩序还没有完全建立或者缺乏一个统一权力制衡的时候，他们是可以按照自己的想法和行为行事的，这实质上也是对人性本恶在现实上的放任。要知道，任何社会对恶的释放和纵容都是不符合人类价值取向的。

同时，这两种观点还有一个致命的弱点，那就是承认人性本善，就必然否定人性本恶或者人在本质上有恶的存在；承认人性本恶，就必然否定人性本善或者人在本质上有善的存在。这就要问，既然人在本质上没有这种存在，那么这种存在又是从哪里来的，包括这种知识又是从哪里来的，这正如没有西红柿，又哪来的西红柿知识一样。如果说是从外部学来的，那么学来的就不是本质，本质必然是事物内部的生成。如果说人是对动物性的沿袭，那么人在血肉之躯上本身就是一个动物体，只是比动物更为高等一些，这就等于间接地承认了人在本质上有善恶的存在而形成了与这两种观点的悖论。事实上，除人以外的动物是不能用善恶来界定的，动物的自然行为只是为了它的生存满足，也就无所谓善恶问题。

既然单一的人性本善、人性本恶在理论上都无法解释人的自身问题，在实践中又有明显的不当，那么人性之本还存在着其他形式吗？或者说是以其他形式存在的？人们在现实生活中，会碰到很多的善人，碰到很多的恶人，甚至碰到很多兼善兼恶的人，那么，这种现象是人性之本的表现吗？或者说是人的本质的反映吗？如果说是，那么长期以来，人们为什么在研究人的本质问题时得出的多是两种截然不同的观点呢？问题可能出在：人性本恶论者在人的生物属性上找不到人性本善的根源；而人性本善论者则在否定或者忽视人的生物属性与人性之本的联系的同时，又找不到人性本恶的根源，人性本无善恶论者则根本不去寻找它的根源，这就是前人们留给"人性之本"或者说是"人的本质"问题的巨大悬疑。

　　找不到根源不等于没有根源，人有本恶的一面不等于没有本善的一面。如何在善恶两个方向上同时找到人性之本，特别是它的存在方式，使其与现实生活中的人的善恶表现在总体上趋于一致，以及由此产生的另一个更高层次的本质问题，那么人的全部本质就可以得到最终的回答，有了最终的结论，这就是本书所要真正破解的问题，包括它的衍生问题。

第二章　人性的金字塔结构

人的原始生物属性是人的原始根性，有了这种根性就有了人的生命和人的现象的发生和发展。那么，人性善恶作为人的本质在人的原始生物属性上又是怎样生成的呢？它的基本结构和基本结论又是怎样的呢？在这之上是否还有更高的层次存在呢？

一、人的三种原始生物属性

人来到这个世界，从人的原始生物属性起步，就开始了生命的长途跋涉。人的原始生物属性是什么呢？又是以什么样的方式存在的呢？在揭开人的本质面貌之前，首先要揭开的就是这些问题。

这里作几何图形加以论证。

以"人"为圆心点O，以任意长度为半径作图，就得到了一个以"人"为中心的圆，并对这个圆进行三等分，就得到了三个点，按顺时针方向确定，它们分别是A点、B点和C点，把这三个点分别与圆心点O连接起来，就得到了三条半径线，它们分别是OA、OB和OC（图2.1）。

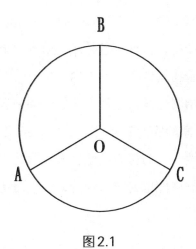

图2.1

　　那么，第一条半径线OA是什么呢？就是人的体质属性线。人的体质属性是人的血肉之躯，是人的生命本体，有了这条线就有了人的初级生态的生成。第二条半径线OB是什么呢？就是人的智力属性线。人的血肉之躯诞生以后，大脑就开始发育，人的智力随即发生。有了这条线，就有了人的第二级生态的生成。第三条半径线OC是什么呢？就是人的感情属性线。感情的产生过程稍微复杂一些，但也是人的生命自然运动的结果。人的生命诞生以后，首先需要的就是温度，这是"万物生长靠太阳"这一自然规律在人的体质生长过程中的反映，母亲的怀抱使婴儿得到了最初的温暖，这种温暖在人的生命中产生了最早的归属感，这种归属感就是人的最初的感情形式。人的感情属性的发生，标志着人的第三级生态的生成。这样一来，人的三种原始生态形式就全部完成，它们分别是人的体质属性、人的智力属性、人的感情属性。人从诞生的时候起，不管你愿不愿意，它们都会依次生成，都是自然进化的必然结果，人的个体因此有了完整的生命形式，人类因此有了完整的生态形象。

在图2.1中，人的三条原始生物属性线是按顺时针方向确定的，这并非随意而为之。要知道，顺时针方向是时间运动对地球自转和公转的参照，生命作为地球的产物，这种信息必然会植入人体生物信息之中，这就决定了人的三种原始生物属性产生的方向。同时，从图2.1中还可以看出，如果人的三种原始生物属性线在这种方向上做圆周运动，那么这种运动就是以人为中心人的生命的完整运动（图2.2），或者说，人的生命的完整运动就是人的体质属性、人的智力属性、人的感情属性沿顺时针方向的运动，人的三种原始生物属性也就成为维持人的生命运动的三条维度线，亦可称之为"三维性线"。

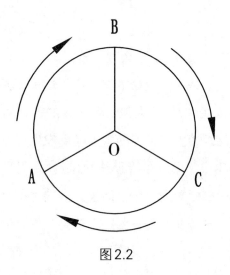

图2.2

在人的三种原始生物属性中，取体质线而不取体力线，是因为体质是人的一种物质存在，是人的生命的本体；取智力线而不取智慧线，是因为智慧是人的大脑能量即力的输出，没有这种"力"的输出，就没有智慧的再现；取感情线而不取情感线，是因为生物总是以感为先，由感生情符合生物由低级向高级的进化过程。

人的三种原始生物属性是人的原始根性，在人的一生中具有同等重要的地位和作用，失去了其中任何一种，人就不能成其为人，或者说至少不是一个完整的人。人的本质或者说是人性之本作为人的根性的产物，必然会从人的三种原始生物属性中产生，任何追溯不到人的三种原始生物属性上的意义都不是人的本质意义，都不是人性之本。人的本质一经产生，就不受外部环境的影响而独立存在，并伴随着人的一生，生要带来，死要带去，在人的行为中发挥着基础性作用。过去人们从社会层面、教育层面、心理层面或者人的单方面某种生存需要和价值判断上探索的人的本质，其实都不是人的本质，都不是人性之本，最多也只是人的某些片面意义。人的本质只有追溯到人的原始生物属性上才具备彻底性和完整性，并通过人的原始生物属性与人的基因保持着某种联系，也就最为稳定。

二、三种原始生物属性的几何关系

图2.1对人的三种原始生物属性作了图形上的描述，但这种描述是基于三种原始生物属性在人体中发生的状态进行的，即它们只与人的本身（"O"）产生联系，而事实上人的体质属性、人的智力属性、人的感情属性之间也是相互联系相互作用的，那么这种联系和作用又是怎样的呢？

再以图2.1为基础，连接圆周上的体质属性点A、智力属性点B、感情属性点C，分别得到AC、AB和BC三条连线。由于人的体质是人的生命本体，具有基础性地位，这样一来，AC就可以确定为人的体质属性线，按顺时针方向排列，AB就是人的智力属性线，BC就是人的感情属性线。这样一来，就得到了一个以人为中心的等边三角形ABC，同时还可以得到另外三个小的等腰三角形，即 AOC、AOB 和 BOC。这一图形（图 2.3）就是一个以人为中心的人的三种原始生物属性线的几何关系。

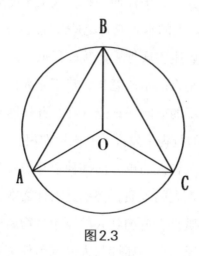

图 2.3

从大的等边三角形 ABC 中可以得出以下几种情形和结论：

一是三角形中的三条边各自独立又首尾相连；三条边分别形成三个角，即 ∠BAC、∠ABC、∠BCA，每个角都有自己不同属性的对应边。这种首尾相连和角度对应的关系，揭示的就是人的三种原始生物属性之间的相互联系、相互影响、相互制约的关系。

二是三角形中的三条边中任何一条边的运动都会导致其他两条边在圆周上的运动，都是围绕着以人为中心（O）的运动，都是人的生命的完整运动或"三维性"运动，即人的生命的完整运动包含了人的体质属性、人的智力属性、人的感情属性的运动，任何一条线或者说一种属性的独立运动的情况都是不存在的，这就有了它们之间的共同作用。

三是三角形的三个点在圆周均衡分布或者三个角度相等时，这个三角形就是一个等边三角形，这种情况表明，人是完美的，否则就是不完美的，或者说是出现了异常。也就是说，如果人的体质属性、人的智力属性、人的感情属性始终处于均衡生长状态的话，即每条边都相等的话，那么，这个人就是完美的，他所表现出的人性也就无可挑剔。但现实情况是，人的体质属性、人的智力属性、人的感情属性在生发的过程中，谁都无法保证它的均衡生长，或者说始终是不能完全达到均衡生长的。这样一来，每一个人都是不完美的，这种不完美就有了人的特有意义。这种特有意义从人的原始生物属性中生成，成为人的现象剥离到最后的现象，这种现象就是人的本质，就是人性之本（本质的定义在《人性之本的提出与悬疑》一章中已有论证）。人性之本从人的原始根性中产生，就成为人的全部行为现象的本源。

在三个小的等腰三角形中，同样可以得出以下几种情形和结论：

一是在三角形 AOC 中，OA 与 AC 都是人的体质属性线，只有 OC 是人的感情属性线，这种情况表明，人的体质属性强度大于人的感情属性强度，人的感情需要始终受制于人的体质需要。如果把这个三角形看作一个面，那么这个面就是人的体质属性面。

二是在三角形 AOB 中，OB 与 AB 都是人的智力属性线，只有 OA 是人的体质属性线，这种情况表明，人的智力属性强度大于人的体质属性强度，人的体质需要始终受制于人的智力需要。如果把这个三角形看作一个面，那么这个面就是人的智力属性面。

三是在三角形 COB 中，OC 与 CB 都是人的感情属性线，只有 OB 是人的智力属性线，这种情况表明，人的感情属性强度大于人的智力属性强度，人的智力需要始终受制于人的感情需要。如果把这个三角形看作一个面，那么这个面就是人的感情属性面。

运用三个小三角形的几何图形，可以解释人的很多行为现象，反映出人的原始生物属性在相互制约的过程中的某种合理现象。

三、善恶本质的生成

人性之本即人的本质是怎样产生的呢？前面已经论证，人的体质属性、人的智力属性、人的感情属性在生发的过程中，谁都无法保证它达到完全的均衡生长状态，即每一个人都是不完美的，这就有了人的特有意义，这种特有意义就是人的本质，就是人性之本。那么人的本质又是什么呢？在揭开它的面貌之前，先来看看人的三种原始生物属性的内部构成有哪些。

人的体质属性是人的生命本体，是人的血肉之躯。人的体质在生发的过程中需要食物为它提供能量，没有这种能量，人就无法生存；体质的成长离不开运动，也离不开休息，这种休息最初表现为人的睡眠需求，婴儿时期最为显著，每天大约需要18小时左右的睡眠，也是大自然日月交替规律植入人体的生物钟现象，任何人无法创造也无法消除；人类需要繁衍，就产生了人的性行为，这种性行为也是动物界的普遍规则，人虽然是高智力动物，但在血肉之躯上没有脱离一般动物的范畴。这三者在人的体质生发、成长、延续的过程中缺一不可，并依次诞生。这样一来，人在体质属性上就有了人的三种原始欲望，即食欲、眠欲和性欲，这些欲望是人的体质属性中的三种原始生态，构成了人的体质属性的内在含量。

智力属性是人的大脑产生的一种能量，是智慧在应用时的强弱再现。在正常情况下，任何正常人有大脑就有智力，而智力一旦产生就不可逆转，就有其独立的能力。人在智力属性上首先就是对事物的认知：认他人，认日月山水，认万事万物，并且辨别出此事物与他事物之间的区别，世界在人的面前就会由混沌变得清晰起来；面对斑斓多彩的世界，人又会产生对事物的模仿：模仿植物的形状、动物的活动，以至于人与人之间的模仿；模仿又会进一步催生出人的创造能力，即脱离某种事物的具体形状，或在某种事物的基础上，创造出另一种事物或者与某种事物既有联系又有区别的事物来，例如竹子有韧性，人们就创造出最早的弓箭来。人对事物的认知、模仿到创造是一个由低级向高级的上升过程，并在人的智力属性中先后发生。这样一来，只要不受外力的干扰，任何正常的人在智力属性上都具备了三种能力：即认知能力、模仿能力和创造能力。这三种能力也是人在智力属性上的三种原始生态，构成人的智力属性的内在含量，是人的全部能力的来源和根本。

感情属性最早来源于人对温度的感应，这种源自于母体的温暖使人有了最初的归属感，由这种归属感首先生发出来的就是人的亲情：母亲给他以温暖，父亲给他以关爱，兄弟姐妹给他以快乐，这在人生最初的里程中就打上了最坚实的烙印。人一生下来，就开始了人际交流，由与亲人的交流到与他人的交流，一轮一轮地向外展开，这种交流最初是没有任何功利目的的，也是所有动物认类识群本领在人体身上的合理反映，通过这种交流，人的个体就自然融入了人的群体之中，形成了人的最早的友情形式。人对异性的向往来源于人的自然本领：地球有正极、负极或者说是阴阳两极的引力关系，人的雌雄正好对应了这种引力关系而产生了人对异性的向往，这种向往就是人的最早的爱情形式；随着人的成长，这种爱情形式由对异性的向往会逐步向异物、异域乃至世界万物转移而有了人对人、人对世界、人对大自然的人文关怀，人的爱情也就圆满了起来。人的爱情与人的性成熟没有直接的联系，性成熟只是在一定阶段催生了人的婚姻关系。人的婚姻关系存在的情况是：有爱情的可以结婚，没有爱情的也可以结婚，包括介绍的、邂逅的、包办的、强迫的等，只能说没有爱情的婚姻可能是不幸福的婚姻，当然有爱情的婚姻也不一定是幸福的婚姻。这样一来，人的感情属性中的三种情愫就依次形成，即人的亲情、人的友情、人的爱情。这些情愫是人在感情属性上的三种原始生态，构成了人的感情属性的内在含量。这里需要强调的是，爱情与性欲没有直接的联系，也分属于人的两种不同的原始生物属性。

在弄清了人的三种原始生物属性，即人的体质属性、人的智力属性和人的感情属性内在含量的基础上，人的本质面貌也就可以揭开。

人的体质属性中的三种欲望即食欲、眠欲、性欲是人的外部的需求，标志着人对外部事物的索取，这种索取隐含着恶的取向；人的感情属性中的三种情愫即亲情、友情、爱情是人的内在需求，标志着人的内心向往，是人心向善的起点；人的智力属性中的三种能力即认知能力、模仿能力、创造能力是人生求进既内又外的双重动力，是人的全部能力的来源与根本。如果一个人的三种原始生物属性都能均衡生长，即符合图2.3的等边三角形的形态，那么这个人就会呈现出一种完美无缺的中性状态，即不善也不恶，他的全部需求只是为了满足人的原始生物属性在生存状态下的正常需求，但这种情况正如前面所说的，人的三种原始生物属性在生发的过程中始终是不均衡的，或者说总有一个方面强些，一个方面弱些，这就造成了人在个体上的差异而形成了人在原始生物属性上的特有意义，这种特有意义就是人的本质，就是人性善恶，就是人的全部行为现象剥离到最后的现象，所谓人性之本指的就是这种本质，就是人的本质。

在图2.3的基础上，再进一步分离出新的图形来，具体探讨人的本质即人性善恶的生成与演化。

第一种情形。当人的体质属性线AC线被延长时，表明人的体质属性超常发达，人的食欲、眠欲、性欲特别强烈，这时候人生发出来的就是恶的本质，即人性之本是恶的。AC线在一个圆周内被延长，就会向两端压缩AB线、BC线的长度，即智力属性线、感情属性线的长度，这种情形表明，人的体质属性越发达，人的智力属性、人的感情属性就越脆弱，人就越恶；当体质属性线AC等于以人为中心的圆的直径的时候（图2.4），其

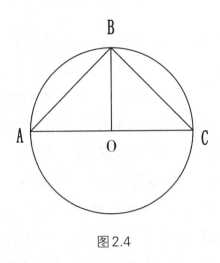

图2.4

长度约为原来的1.15倍，人性本恶达到了最大值，这时候人的智力属性线、人的感情属性线达到了最小值，约为正常值的80%。这种情形表明，人在本恶的本质上是至恶的；在至恶的状态下，人的智力属性、人的感情属性虽然达到了最小值，但也远没有消失，用句通俗的中国话来表示，就是"人至将死，其言也善"。但这种"善"不是真正的善，而是至恶之人感情属性最小值的一种正常表达，是人的感情不能完全泯灭的显示与回归。"人至将死，其言也善"出自孔子的《论语》，古代曾子与朱熹对它进行了解释，意思大致是说人到了生命的尽头，反省自己的一生，回归本源，也有善的表达。但对于这种"善"，人们要有清醒的认识，否则善就会失去边际，就会增加人们对日常生活中善的误解。运用这一原理也就可以解释"孝"的问题：孝不是善，是人的感情属性中亲情的正常表达，也就是说，有孝心的人不一定就是人性本善的人。

同时，从人的体质属性超常生发的线段情形看，人性本恶就是这一线段的延长部分，也就是说，这一线段包含了人的体质属性的正常部分和人的本质部分，它的存在表明，人性本恶的人同时保持着人的欲望的正常需求和超常需求。

第二种情形。当人的感情属性线BC线被延长时，表明人的感情属性超常发达，人的亲情、友情、爱情特别强烈，这时候人生发出来的就是善的本质，即人性之本是善的。BC线在一个圆周内被延长，就会向两端压缩AC线、AB线的长度，即体质属性线、智力属性线的长度，这种情况表明，人的感情属性越发达，人的体质属性、人的智力属性就越脆弱，人就越善。当感情属性线AC等于以人为中心的圆的直径的时候（图2.5），其长度约为原来的1.15倍，人性本善达到了最大值，这时候人的体质属性线、人的智力属性线达到了最小值，约为正常时的80%。这种情形表明，人在本善的本质上是至善的，在至善的状态下，人的体质属性、人的智力属性虽然达到了最小值，但也远没有消失，至善的人也有生存能力，也需要生存。至善的人不管他的智力高低，总是受到巨大的心理压抑而发挥不出来。他们内心很痛苦，对恶充满了憎恨和无奈，只是不愿意表达而已。至善的人往往会在情绪冲动时做出一些不明智的选择和举动来，但这些选择和举动多为对自身的伤害，包括自残、避世与归隐。

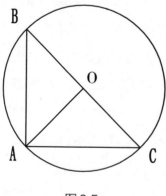

图2.5

同时从人的感情属性超常生发的线段情形看，人性本善就是这一线段的延长部分，也就是说，这一线段包含了人的感情属性的正常部分和人的本质部分，它的存在表明，人性本善的人同时保持着人的情愫的正常需求和超常需求。

第三种情形。当人的智力属性线AB线被延长时，表明人的智力属性超常发达，即人的认识能力、模仿能力和创造能力特别强烈，这时候人生发出来的就是很强的综合能力，这种综合能力也表现为对外部事物和对自身很强的驾驭力。AB线在一个圆周内被延长，就会向两端压缩AC线、BC线的长度，即体质属性线、感情属性线的长度。这种情况表明，人的智力属性越发达，人的体质属性、人的感情属性就越脆弱，人就越不容易为欲望和情愫所左右，人的能力就越强。当智力属性线AB等于以人为中心的圆的直径的时候（图2.6），其长度约为原来的1.15倍，人的能力达到了最大值，这时候人的体质属性线、人的感情属性线达到了最小值，约为正常时的80%。这种情形表明，人的能力在最强的情况下，人的体质属性线、人的感情属性线虽然达到了最小值，但也远没有消失。高智力的人也有欲望，也有感情，只是他们的欲望与感情总是受到智力很强的节制，换句话说，高智力的人，不管是本善的人，还是本恶的人，都会受到智力的巨大驾驭。高智力的人一般不会明目张胆地去行恶，一旦做了也会做得很巧妙、很曲折、很有心计，当然，一般也不会简单地去行善，要做也会做得很巧妙，很有远见，如同"授人以鱼，不如授人以渔"。高智力的人不能完全摆脱人的欲望和情愫，这就使得一些伟人为什么也会做一些不当包括不体面事来的内在原因，常有"智者千虑，必有一失"之累以至于"阴沟里翻船"，而低智力的人也有"愚者千虑必有一得"之喜而让人刮目相看。

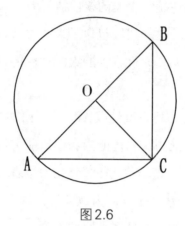

图2.6

人的本质的生成，除了上述的几种图形外，还有三种特别情形值得提出来。第一种（图2.7）是人的感情属性和智力属性都比较发达的情形。这种情形压缩的就是人的体质属性，具有这种图形的人既很善，又表现出很强的能力，这种人是人性本善中的高智力人群，特别适应于从事科学研究工作，包括自然科学和社会科学。

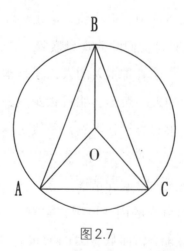

图2.7

第二种（图2.8）是人的体质属性和智力属性都很发达的情形。这种情形压缩的就是人的感情属性，具有这种图形的人既很恶，又表现出很强的能力，这种人是人性本恶中的高智力人群，阴险狡诈，心狠手辣，工于陷害他人的权臣，行事尖刻盘剥的"小人"都在其中。

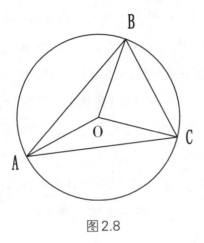

图2.8

第三种（图2.9）是人的体质属性和感情属性都很发达的情形。这种情形压缩的就是人的智力属性，即人的智力属性达不到正常人的最小值的要求，具有这种图形的人善恶易变，喜怒无常，表现出人的行为举止上的混乱性，缺少对事物和对自身的驾驭能力，一般都有智力上的障碍和精神上的毛病。

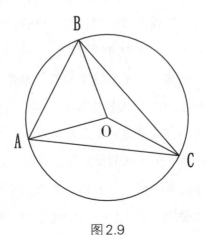

图2.9

第一、二种情形是人性善恶中的两种特殊形态，第三种情形则是一种不正常的人，即达不到人的智力要求，缺失人的本质意义。虽然是人，但也类同于人形的活物或者纯粹的生物人，是人的生命的非正常存在，法律上不追究精神病人和智障人的刑事责任，其原因也就在于此。

除了上述三种特别情形外，还有三种特别情形，即一条线特别发达，一条线保持不变，被压缩的只是其中一条线的长度，这里不再作具体讨论，它所产生的情形只是前面讨论的六种图形中的一种特殊情况，当然也包含在六种图形之中。如果从人的三条原始生物属性线在一个圆周内相互联系相互制约的运动关系看，其中一条线超常生发，必然会导致其他两条线的同时运动，单一压缩一条线或者一端的情况是很难实现的。

综上所述可以得出如下结论：

一是人的生命运动由人的三种原始生物属性构成，人的血肉之躯是这种运动的载体，由此生成的人的本质就是人的个体本质，人的个体本质由人的三种原始生物属性其中的两种在超常生发的情况下产生。人的体质属性生成人性本恶，人的感情属性生成人性本善，人的智力属性不生成人性善恶，但生成人的能力，生成人对事物和对自身的驾驭力。

二是从几何图形的对应关系中可以看出，每一个人只具备这种本质之一，非善即恶，没有中间状态，是人的本质的一维性表现。或者说，本善的人就是本善的人，本恶的人就是本恶的人，本质上不能互换。人的这种本质是人不完美的生成，它表明每一个人都是有缺陷的。

三是人的整体本质是一个善恶的综合体。所谓人的整体，是指把人的全部个体当作一个整体或者一个人来看待，那么这个综合体的本质就是由人的个体本质的一维性叠加而来，具有人的本质的二维性。人的整体本质留给社会的印象是既做好事，也做坏事，是人的本质的双重性反映，这一点只要仔细考察一下历史现象就可以得出同一结论。

四是人的个体本质不管是善是恶，人的原始生物属性的正常表达始终没有消失：即便是至恶的人，也有人的正常情愫最小值的表达，至善的人，也有人的正常欲望最小值的表达。人的情愫与欲望的强弱是人性善恶的分界线。

五是人的能力从人的智力属性中产生，人的体质属性和人的感情属性是这种能力的载体。人的能力是以人的智力为核心，以人的体质属性和人的感情属性为载体的输出。人的智力越高，预示着人的能力越强，而人的体质再强、感情再好，如果缺少智力也就缺少能力；一个智力低于最小值的人，或者说低于正常人的智力的人，即使有再强的体质、再好的感情，也不能有所作为。

四、善恶现象的衍生

在论证了人的个体本质即人性善恶产生以后，再来看看善恶万象是怎样衍生出来的。

第一，从人的体质属性看。人的体质属性包含了人的食欲、眠欲、性欲。如果一个人在这一属性上表现得正常的话，那么他的食欲、眠欲、性欲就是维持人的生命的正常需求；如果超出了正常需求，那么从食欲中生发出来的就是贪得无厌、巧取豪夺的本性，从眠欲中生发出来的就是懒惰寄生、闲适无度的本性，从性欲中生发出来的就是暴力放纵、随心所欲的本性，这些本性进一步演化就是人的无穷无尽的恶的表现。如果这三种情况同时出现在一个人身上，那么这个人就是至恶的，但多数情况是：在一个人身上可能只出现其中的一种或者两种，按强弱不同，至少也是偏恶的。在现实生活中，满足个人得失的态度，是人的欲望强弱的重要标志。

第二，从人的感情属性来看。人的感情属性包含了人的亲情、友情、爱情，如果一个人在这一属性上表现得正常的话，那么他就是一个既有自爱也有他爱的人，他的行为有节有度，他的生活有分有寸。如果这一属性表现得超常的话，那么从亲情中就会生发出对亲人的全力付出，从友情中就会生发出对他人的无私奉献，从爱情中就会生发出对外部世界的热切关怀，用中国传统文化来表示，就是尽孝、尽忠、尽心，"尽"就是倾注全力的意思。如果这三种情况同时出现在一个人身上，那么这个人就是至善的，但多数情况是：一个人身上可能只出现其中的一种或者两种，按强弱的不同，至少也是偏善的。在现实生活中，与人交往的诚信度，往往是人的情愫深浅的重要标志。

第三，从人的智力属性来看。人的智力属性包含了人的认知能力、模仿能力和创造能力，如果一个人在这一属性上表现得正常的话，那么他就具备了良好的生存能力和通常的处事能力。如果这一属性表现得超常的话，那么从认知能力中就会生发出很好的记忆力，从模仿能力中就会生发出很强的形象思维力，特别是其中的想象力，从创造能力中就会生发出很深的抽象思维力，特别是其中的逻辑判断力。如果这三种情况同时出现在一个人身上，那么这个人就是"天才"，但多数情况是：一个人身上可能只出现其中的一种或者两种，即便是这样，这个人也是很有特长和天赋的。智力超常的人相对于人的个体本质而言，有可能使他在善恶之间游刃有余，本善的人会把"善"发挥得有节有度，本恶的人会把"恶"发挥得千变万化。

上述偏善、偏恶以及前面所说的至善、至恶的情形，首先是指人的本质的一维性分野。前面已经阐述，人的原始生物属性如果均衡发展的话，那么这个人就是完美的，即处于不善不恶中性状态，但这种情况不会出现，或者说只是一种假设状态。人的个体本质以中性状态为界限，要么向善的方向偏移，要么向恶的方向偏移，这就有了人的个体本质的一维性分野即非善即恶的状态。其次是指人的个体本质的具体情形，是对人性善恶的细化，即本善的人可分为偏善与至善两种情形（"至"在汉语有"到"与"极"的意思和过程）；本恶的人可分为偏恶与至恶两种情形。那么，人的个体本质就有偏善、至善、偏恶、至恶四种具体情形。

在现实生活中如何辨识人性善恶呢？如果仅从本善与本恶两个方面看，就是重情的人一般人性本善，重利的人一般人性本恶。如果从偏善、至善、偏恶、至恶四个方面看，在利益面前，偏善的人既想自己的利益也想他人的利益，至善的人多想他人的利益少想自己的利益；偏恶的人以自身利益为重，也不强取他人的利益，至恶的人只想自己的利益从无他人的利益。在规则面前，偏善的人不会去触碰规则的底线，至善的人会在规则面前首先把自己"锁"起来；偏恶的人会钻规则的空子，至恶的人会想方设法去突破规则。在危情面前，偏善的人会伸出援手，至善的人会倾力相助；偏恶的人会事不关己，至恶的人会趁火打劫。也就是说，本善的人有本善的生存方式，本恶的人有本恶的生存方式。

人的本质的一维性分野也是造成人类社会两大阵营的根本原因。持有人性本善观的人，倾向于多数人特别是底层民众的生存现状，当社会财富分配出现严重不公时，往往希望社会变革，实现社会财富的大众化。持有人性本恶观的人，倾向于为个人，特别是当公共利益与个人利益发生冲突时，往往选择维护个人利益，当社会财富分配出现严重不公时，希望社会有所改良，以保障他们的财富不至于被无端瓜分。两大阵营行事的结果是，本善的人从为多数的利益出发到为这个社会，本恶的人从为个人利益出发到为这个社会，这就是为什么人类社会在发展的过程中总有一种矫枉过正力量的内在原因。

在社会管理中，如果所有的人都人性本恶，那么只要把恶管住就可以了；如果所有的人都人性本善，那么只要把善管住就可以了。问题就出在有的人性本恶，有的人性本善，社会管理的复杂性也就由此产生。人的整体是一个善恶的综合体，人性本恶在茹毛饮血的盘古开天地时期，帮助人们走上食物链的顶端而获得了生存的先机，人性本善在险象环生的洪荒年代，帮助人们相互搀扶共渡难关而获得了团结的力量，这就有了人性善恶共存的原始意义。

人的本质在人的个体身上要到什么时候才能成熟呢？有关人体生长方面的研究资料表明，人的智力属性2岁时可以达到80%，8岁时基本发育完全，但这时候人的体质属性和人的感情属性尚不能承载这种智力的全部输出。人的体质属性要到人的性成熟才能基本完成，人的感情属性要到懂得他爱即对外部事物的关怀才算完整，这时候人性善恶才会以它的全部面貌展现出来，这一年龄段大约也在18岁以后，即具备完全民事、刑事责任能力为止。人的个体本质成熟以后，人就开始独立于世。

人的个体本质是人的体质属性、人的感情属性超常发达的产物，那么，这种超常发达是否与父母的基因遗传有关呢？这里做个假设，如果有关的话，那么就存在着基因的选择问题，即遗传父母谁的基因。从目前科研阶段看，显然还无法回答这一问题，能够回答的就是，人只是他父母基因的一个共同体，这个共同体不是简单的叠加，而是在叠加的过程中有了某种变异而成为有别于父母的一个独立个体。一个家庭几个孩子，强弱都有，善恶都在，父母的基因在新生命诞生的过程中产生出的某种变异，造成了人的体质属性、人的感情属性的强弱不同，使同一父母的孩子在善恶本质上有了不同。但这种不同不要误认为是性格的不同，性格只是人的本质表现为行为时的某种固有特点，也就是说，同一性格的人有不同的本质，同一本质的人有不同的性格，这就有了人的本质与性格的区分而不至于把人的性格当成本质来看待。

五、金字塔结构的建立与理性的形成

人的个体本质是人的原始生物属性的产物，本质的一维性表明人的个体非善即恶，没有中间状态，本质的二维性表明人的整体是一个善恶的综合体。如果人只是在这种本质上运动，那么人类社会的生存发展就很难维持，至少没有现代文明的产生，但现实情形并非如此，这就表明在这种本质之上应该还有另外一种存在，这种存在是什么呢？这里以图2.3为基础加以论证。

在图2.3中，人处于中心地位，三条半径线分别代表人的体质属性、人的智力属性和人的感情属性；由三条半径线在圆周上的三个点构成的等边三角形ABC表明，人的三种原始生物属性是相互联系、相互制约的关系，但这种联系和制约不管怎么移动变化，都是在同一平面上的移动变化，也就是说，这种图形的本身是一种平面图形。人是一个立体的血肉之躯，以这种平面图形来表达人的全部情形肯定是不完整的。那么，以人为中心的立体图形又是怎样的呢？这里以图2.3为基础进一步作图，即在圆心点上作垂线于半径且等于半径的线得OO_1，以O_1为焦点，分别连接圆周上的三个点，得AO_1、BO_1、CO_1三条连线，这样一来，就得到了一个以人为中心的等边三棱锥体（图2.10），这个等边三棱锥体就是一个以人为中心的金字塔结构的立体图形。

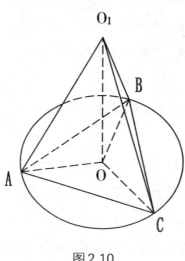

图2.10

在这个图形中，O_1 是人的位置，表明人是一个立体的血肉之躯；A 点是人的体质点，AO_1 就是人的体质线，三角形 ACO_1 就构成人的体质面；B 点是人的智力点，BO_1 是人的智力线，三角形 ABO_1 就构成人的智力面；C 点是人的感情点，CO_1 是人的感情线，三角形 CBO_1 就构成人的感情面（这三个面实际上也是图2.3中3个小三角形 AOC、AOB、BOC 的立体化）。O_1 位于金字塔结构顶端的中央，是人的三条原始生物属性线的焦点，也是三个面的焦点，那么，这个焦点是什么呢？就是人的理性。它的存在表明，人的理性是人的三种原始生物属性在上升过程中的最后汇聚和凝结，是人的三种原始生物属性共同作用的结果。

从图中可以看出，人的三种原始生物属性处于金字塔结构的底部，具有金字塔结构的基础性地位。人的个体本质又是人的原始生物属性的产物，那么，人的本质产生以后，也就参与了人的理性形成的"共同作用"而具有了基础性地位。人的理性处于金字塔结构的顶端，既是"共同作用"的结果，又在金字塔结构中居高临下"总揽全局"，是目中之纲，这种关系类似于人们所说"经济基础决定上层建筑，上层建筑又反作用于经济基础"的关系。

理性与本质的区分在于：本质是人的原始生物属性中两种属性超常生发的产物，理性是人的三种原始生物属性并在本质的参与下共同作用的结果；本质形成在先，理性形成在后；本质使人有了善恶方面的定型，理性标志着人的价值取向。理性形成的年龄段一般要高于本质形成的年龄段，大约要到40岁左右才能成熟，这一阶段也是人的个体接受知识、体验生活的高峰阶段。理性一旦成熟，就标志着人的身心成长的全部完成。在现实生活中，判断一个人的理性高低，就看这个人是否讲道理、明是非，是否遵守社会的公德。

前面已经论证，人的生命的完整运动是人的三种原始生物属性线沿顺时针方向的运动（图2.2）。人的本质产生以后，人的生命运动就表现为人的本质运动；人的理性产生以后，人的本质又在人的理性的"总揽"下，得到引导和修正。

从图中可以看出，以人为中心的金字塔结构囊括了人的原始生物属性、人的本质和人的理性，展示出人性的全部构成，这时候，以人为中心的金字塔结构也就可以称之为人性的金字塔结构。人们通常所说的人性在这里就可以清楚地看出，它包含了人的原始生物属性、人的本质和人的理性，也就是说，人性是一个综合性概念，如果只说其中一种，或者只承认其中一种，那么就会以偏概全；如果指向不明，不加区分，统而论之就会造成概念上的混乱，以至于各说各的理，各说各的是，而得出各种各样的观点。只有懂得了它的全部构成和不同指向，运用它的不同概念，才能走出混沌和误区，得出它的正确结论。中外文学界有一种认识，就是只有写性爱、写亲情才是写永恒的人性，写善恶、写理性就不是人性，这是不对的。

六、理性的几何论证

在人性的金字塔结构中（图2.10），人的三种原始生物属性，即人的体质属性、人的智力属性、人的感情属性是均衡发展的，金字塔结构中的三条底边相等，形成的是一个等边三角形，三个侧面同样也是等边三角形，那么，这个金字塔结构就是一个正金字塔结构。在这个正金字塔结构中，以人为中心的线就是垂直于半径且等于半径的线，人的理性点O_1处于金字塔结构顶端的中央，这种情况表明，人的理性十分正常，像一颗闪亮的明珠，照亮人性的各个侧面，他所表现出的行为也就十分理性，人就会沿着理性的方向舍弯取直，走向人性的康庄大道。

但这种情况不会出现，或者说是一种假设情况。前面已经论证，人的三种原始生物属性在生发的过程中始终是不平衡的，不完美的，这就有了人的本质的产生。人的本质在个体上非善即恶，没有中间状态，表现出人的本质的一维性，它所演绎出的图形在前面的几种平面图形中得到了论证，这些几何图形也就决定了人性金字塔结构的异常性。

当人性的金字塔结构的底边因人的本质产生而发生变化时，金字塔结构的三条棱线也会同时发生变化，并导致金字塔结构的各个侧面扩展或缩小，这样一来，以人为中心的金字塔结构的中心线就会发生偏移而不再在圆心O点上，金字塔结构就不再是一个正金字塔结构，人的理性点O_1也不再在以圆为中心位置的顶端，而是同样出现了偏移，这种偏移表明，人的理性也有了善恶倾向。这里以图2.4、图2.5为基础，作金字塔结构图，分别得到了图2.11、图2.12，从这两个图中可以看出，其中心线分别为O_2O_3和O_4O_5，这种情形表明，人的理性随着人的本质产生，不是倾向于善，就是倾向于恶。人的理性在根源上是人的原始生物属性共同作用的结果，由于人的原始生物属性在超常生发的情况下产生了人的本质，这就

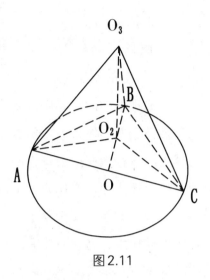

图 2.11

使得人的本质也同时参与了人的理性的形成而有了"共同作用"，导致了人的理性也有了善恶倾向。从图形上看，人的原始生物属性线的延长部分就是人的本质的部分，这种延长使金字塔结构出现了变形而发生了倾斜。也就是说，人的个体理性上的善恶倾向是人的本质的反映。

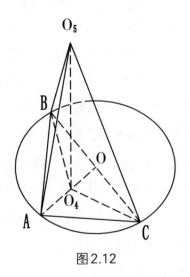

图 2.12

　　人的个体理性上的善恶倾向与人的个体本质上的善恶区别在于：本质上的善恶是人的原始生物属性中单一属性超常生发的结果，理性上的善恶倾向是人的全部原始生物属性共同作用并受人的本质影响的结果，这就使得人的理性中的善恶倾向要小于人的本质上的善恶，并且具备了一定的缓冲性，而不像人的本质直接转化为人的行为时那样偏激。这一原理也就可以解释人在失去理性时，为什么会出现极端行为。人的理性相对于人的个体生存，要比人的本质更为适中，具体来说，就是人的理性虽然在人的本质参与下出现了善恶倾向，但不能抹杀人的三种原始生物属性的共同作用，这就使得人的理性所包含人的正常需求比例相对要大；而人的本质则是人的单一属性作用的结果，其包含的人的正常需求比例要相对要小。这就可以得出另一个结论：人的个体本质非善即恶，没有中间状态，但这种中间状态不可能凭空消失，它到哪里去了呢？回答就是人的理性，人的理性充当了人的个体本质的中间状态，是介于人性善恶之间而又具备善恶倾向的一种独立存在。

　　人的理性与人的智力作用于人的本质转化为人的行为时有着不同的分工：理性表现出的是引导和修正的力量，从价值判断上节制人的行为的总体趋势，发挥着"总揽全局"的作用；智力表现出的是驾驭的力量，节制人的临场行为方式，所谓"一念之差"，造成了罪与非罪的界限就是智力的作用。一般来说，人的行为反映人的本质在长期趋势上是人的理性的作用，在临场方式上是人的智力的作用。如果一个人的理性向恶的一方倾斜，那么他的一念之差在总体趋势上会向罪的一方倾斜；如果一个人的理性向善的一方倾斜，那么他的一念之差在总体趋势上会向非罪的一方倾斜。对待事物要讲理性，应付危机要讲智慧，表明的是理性与智力在现实运用中的不同作用。由于人的理性与智力最终都会作用于人的行为，也就有了它们合二为一的称呼，叫作理智。

人们常说"江山易改，本性难移"，这里的"本性"指的就是人性之本，是人的本质的确定性反映，生要带来，死要带去。人的个体本质非善即恶，没有中间状态，具有人的本质的一维性，但在日常生活中，人们为什么总会感到本恶的人往往并不那么恶，本善的人往往也并不那么善？这里除了理性的引导修正和智力的驾驭力外，外部环境压力也是一个重要方面。外部环境压力包括个人的生存条件，社会道德法律和文化科学教育等。但外部环境压力本身不能改变人的本质的，人性善恶都还在那里，只是受了外部环境压力没有伸张或者没有完全伸张出来而已，一旦条件成熟或有相应的条件，人性善恶就会得到激活。一群孩子在学校里接受同样的教育，只要认真地观察一下就会知道，有的强悍，有的懦弱；有的厚道，有的狡猾；有的无赖，有的守信；有的胆大妄为，有的胆小怕事；等等，这就可以知道校园欺凌案并不是一件稀奇古怪的事，它是人的本质的自然反映。人们常常忽视孩子们打打闹闹，是因为在孩子们的身上，人的三种原始生物属性发育还没有成熟，还不能完全承载人的本质的全部输出而显得程度较轻。教育只是在一定程度上压抑人性本恶，倡导人性本善。

人的个体理性出现了善恶倾向，人的行为在理性层面上也就呈现出或善或恶的状态，即人性本善的人，在理性上也有了善的倾向，人性本恶的人在理性上也有了恶的倾向。前面已经说过，人如果只在善恶方向上运动，那么人类的生存发展就很难维持。那么是什么力量改变了这种情况呢？同样还是人的理性，这是为什么？

在弄清这一问题之前，先来阐述一下人的概念。对于人的概念，前面已经提出了两个层次的含义，即人的个体、人的整体，其实在这两个层次之上还有一个层次，就是人类。那么人的概念就有了三个层次，即人的个体、人的整体和人类。人的个体是指每一个具体的人，是人的血肉之躯；人的整体是人的个体的整合，通俗地说，就是把人的全部个体当作一个整体来看待或者一个人来看待；人类则是人区别于动物类而提出来的一个概念，在这一层次上，人就是人，动物就是动物，或者说人类就是人类，动物类就是动物类，人完全区别于动物而存在。从人的本质上看，人的个体非善即恶，人的整体是一个善恶的综合体，人类作为人的共同载体，是人的全部个体的抽象，这种抽象使人上升到了一个全新的高度而独立存在于万物之上。

人的整体是一个善恶的综合体，善恶交织在一起是一种混沌状态，也就无法建立起它的金字塔结构，但作为人的个体的整合，也就可以知道，人的整体理性也必然是人的个体理性的整合。人的整体在现实上是一个空间概念，如果以全球为一个空间的话，那么，人的整体在分量上就等于人类；如果以一个国家作为一个空间的话，那么，人的整体就是这个国家全民的整合；如果是一个团体的话，那么人的整体就是这个团体成员的全部整合；人的整体的最小单位是一个家庭。人的整体理性作为人的个体理性的整合，反映出的是这个整体的意志，这种意志不是人的个体理性的简单相加或善恶相抵，而是在人的个体理性的基础上相互兼容和制约实现的有机结合，也是现实条件下通过某种权衡的整合。人的整体理性，随着条件的变化有时候会向善的一方倾斜，有时候会向恶的一方倾斜，或者说人的整体意志有时候会向善的一方倾斜，有时候会向恶的一方倾斜。如果把人性本恶的人作为整体的一方，把人性本善的人作为整体的另一方，那么人的整体理性的金字塔结构就是图2.11与图2.12的叠加，得图2.13（示意）。从图形上看，人的整体就有了两个理性点 O_3、O_5，并把它们分别与圆心 O 点连接起来，就形成一个"V"字形夹角，即 $\angle O_3OO_5$，那么，人的整体理性也就在这个"V"字形夹角之间即善恶之间摇摆，这种摇摆在一些国家处理国际事务的过程中就显得十分突出，并且毫不掩饰地表现在行为上，人们戏称为"双重标准"。

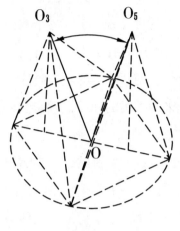

图2.13

　　人类作为人的共同载体，是人的全部个体的抽象，在抽象基础上建立起来的金字塔结构就是一个虚拟的金字塔结构。在这个虚拟的金字塔结构中，前面所绘制的图2.10就由不可能变成可能，形式上只是由实体变成虚体（图2.14）而已。

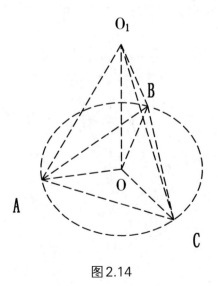

图2.14

　　人的原始生物属性在这种虚拟中完全正常，金字塔结构就是一个准确无误的正金字塔结构，人的理性处于金字塔结构顶端的中央。那么，这个虚拟的金字塔结构揭示的意义是什么呢？就是以人为中心的人类金字塔结构的理论值，这种理论值表明，人类的生物属性完全正常，在这种完全正常的生物属性中建立起来的人类的理性也就完全正常，即人类的理性不善不恶，完全处于中正状态。前面已经阐述，人的个体理性有了善恶倾向，人的整体理性是人的个体理性的有机结合，并随着条件的变化，在善恶之间摇摆而形成了一个夹角，有了人类金字塔结构的理论值，人的整体理性就有了它的指向和参照：当金字塔结构出现某种偏移时，它的理论值就会发出修正的信号，当金字塔结构正常无误时，有机结合中的某种力量又会使其出现偏移，这种以人类理性的理论值为指向和参照，具有一定动态性的金字塔结构，在现实上就是人类理性的金字塔结构，这时候，人类理性的金字塔结构就会由虚变实，具备了某种动态性质，并且以它的理论值为参照，始终指向金字塔结构顶端的中央而不再是人的整体理性总是在善恶之间的摇摆。图形上可以用图2.13与图2.14叠加表示，得图2.15（示意）。

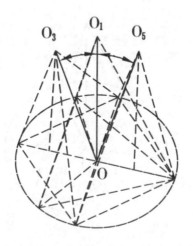

图2.15

在这一图形中，有三个理性点，分别是O_1、O_3、O_5，把O_3、O_5分别与圆心点O连接，就形成了两个"V"字形夹角，即$\angle O_3OO_1$和$\angle O_1OO_5$，这两个"V"字形夹角就是人类理性在现实中指向的动态摆幅。正是人类这座在动态摆幅中实现平衡的金字塔结构，始终拯救着人类的生存和发展，伴随着人们艰难地前行。

人类作为人的共同载体，人类的理性也就是人的共同理性，人的共同理性，反映在人类这个层次上也就是人类的本质，再往前推一下，人类的本质也就是人的共同本质，用图2.16表示，就是一种圆环状结构，或者说它们之间是一种周而复始的圆周关系。

图2.16

这样一来，就得到了人在三个层次上的本质，即人的个体本质非善即恶，人的整体本质是一个善恶的综合体，人类的本质即人的共同本质则是一个理性体，也可以表达为人的全部本质包含了人的一维性本质、二维性本质和共同本质，并且深刻反映出它们之间的不同层次和关系。同样也得到了人在三个层次上的理性：即人的个体理性、人的整体理性和人类的理性。人类的理性也就是人的共同理性。人的整体理性表现为人的集体意志，尽管这种意志在善恶之间摇摆而表现出不稳定性，但它对于加快人的共同理性，即人类理性的形成具有积极的意义，在很大程度上，它可能就是人的共同理性的某种临界状态和渐进形式。

从论证上可以看出，人类的理性，在现实上也是人的整体理性在理论值的参照下形成的，特别是当人的整体以全球为一个空间单位的时候，人的整体理性在现实上就等于人类的理性，等于人的共同理性，人的整体本质这时候也就等于人类的本质和人的共同本质。

人类的理性在虚拟的金字塔结构图形中，同样是人的三条原始生物属性线的焦点，而这三条线在图2.2中，又是人的生命运动的三条维度线，或"三维性线"，人类的本质（理论值）也就可称之为人的"三维性本质"。这样一来，人的全部本质就有了人的"一维性本质"、人的"二维性本质"和人的"三维性本质"之称，这在几何意义上更能清楚地表达出它们之间的层次关系。人的"三维性本质"即人类的理性是人的全部本质的最高层次，是人的共同本质和人类本质的无限担当。

在揭开了人的本质和人的理性三个层次的意义后，就可以知道，以人为中心的金字塔结构，既是人性的金字塔结构，也是人性之本的金字塔结构，或者说，以人为中心的金字塔结构既揭示了人性的全部构成，也揭示了人的本质的全部构成。

人类的理性在现实上以动态的形式始终指向金字塔结构顶端的中央，照亮人性的各个侧面，帮助人们建立起了自身活动的规范，这些规范主要有道德和法律（包括各种组织内部的纪律和规章）。道德和法律也就成为人类理性认识中最为稳定的基础性成果。这些规范，以世界性的通行规范为最高层次，它代表的是人的共同理性的基本要求。接下来是国家、地方以及民间制定的规范，这些规范虽然有区域性局限，反映部分群体的整体理性，或者说是集体意志，但也受到了人类理性的修正。国家、地方以及民间制定的规范有时候也会出现偏差，甚至是重大偏差，但这种情况并不反常，它是人的整体理性善恶摆幅的反映，这种反映产生的幅度与参与或代表制定规范的人群有关，参与或者代表的人群越多，出现偏差的可能性就越小，修正的难度就越低；参与或者代表的人群越少，出现偏差的可能性就越大，修正的难度就越高。世界性的宪章代表的是人类理性的基本要求，涵盖了全人类生存发展的基本渴望，包含的理性程度也就越高。以此类推，国家规范、地方规范、民间规范等效力由此顺延。

在制定规范的过程中，如果参与或代表的人是一些特殊的团体包括部门和行业，那么它所制定出的规范，其理性倾斜的程度就越大，往往会对一些人有利，对另一些人不利甚至造成伤害。从某种角度上讲，国家作为人类社会进程中的一种特殊团体也是这样。当它在处理国际问题的时候，如果总是以自身的国家利益为重，那么它就很难做到理性，做到公平正义，国家与国家之间的交恶往往由此产生。时代发展到了今天，人类仍然实行的是国家主权治理，国际法很难得到全面实施，国际法的制定也是屈指可数。只有当这种情况发生根本性转变而出现一个以整个人类社会作为主权治理的时候，人类社会才会走上真正的理性社会，人类社会的本质运动才是人类的理性运动。

七、理性的内涵与外延

人的个体理性是人的原始生物属性在人的本质参与下共同作用的结果，而人类的理性在现实上则是以人的整体理性为基础，以它的理论值为指向和参照的产物。人的整体理性作为人的个体理性的有机结合，具备一个由量变到质变的过程，这种过程就是民众参与、民主不断扩大的过程。在高度民主中形成的理性就能始终指向人类金字塔结构顶端的中央，并且具有强大的自我修正能力。

民主的本身并不是为了理性的形成，而是集中民智民力，弄清事物的原委，达到追求真理的目的。真理在民主中诞生，又注入理性之中，使人类理性有了它可贵的内涵，这就是真理。民主在这一过程中发挥了方法和工具的作用，使之理所当然地成为理性的外延。这样一来，人类理性中的两个核心问题就可以得出答案：即人类理性的内涵是真理，外延是民主，也可以表达为人类本质的内涵是真理，外延是民主。尊重民主，追求真理，是人类理性对每一个国家、每一个民族、每一个人的共同要求。如果放弃了人类的理性，采取行善、行恶，或者兼善兼恶"和稀泥"、搞折中、论博弈的办法去对待事物，那么不管它一时多么强大，都是没有前途的，都会在反复折腾中而充满了苦难的历史。

民主的目的是为了追求真理，那么追求真理的目的又是为了什么呢？回答只有一个，就是达成共识。有了共识，人们就能够团结一致，朝着一个共同的方向努力，就有了以人为中心的人类社会的本质运动，人类社会的进步事业才能成功。这样一来，共识也就成为民主的本质。共识是什么呢？就是人们的意见达成一致，这种一致或许只是人们追求真理、运用真理过程中的一种结论，一个环节，这就有了真理与共识的区别，有了讲共识也不一定是讲真理的特别情形，有了按共识办事也不一定是按真理办事的特别情形。这就可以理解，人们在实践活动中有时候按共识办事为什么会出差错的原因。但有民主的存在，人们就会吸取经验教训，形成新的共识，直到共识的本身等于真理。

民主有它的表达形式，其中选举和争论不可或缺，但不管是什么形式，目的都是为了达成共识，达不成共识的所有形式都会失去作用，形式也就必然要服从共识。在共识的基础上办事，体现的是民主的本质，尊重的是集体的意志。这样一来就可以得出一个新的结论，即人类理性的内涵是真理，人类理性的外延是民主，民主的本质是共识，民主又是一个探索真理的过程，在民主的过程中按真理办事，也就可以替换成按共识办事，按共识办事就是一个吸取经验教训不断修正错误的过程，直至共识的本身等于真理，这就是共识的现实意义和伟大之处。

有人说民主制度不一定是最好的制度，但一定不是最坏的制度。其实这种说法是有偏差的。民主就是一种最好的制度，只是有人的一维性本质和二维性本质的存在，或者说是有人性善恶对民主的不同利用而产生了种种弊端和偏差，使民主有了它的负面作用，或者说，民主在实践中所产生的种种弊端不是民主本身的问题，而是人性善恶的问题。

八、不同层次的理性关系

人的个体理性、人的整体理性、人类的理性都是人的理性，正如人的个体本质、人的整体本质、人类的本质都是人的本质一样。人的个体作为团体和人类的一分子，既要受到人的整体理性即集体意志的制约，又要接受人类理性的引导和修正。人的个体理性源于人的原始生物属性并包含了人的本质的共同作用，是人的血肉之躯的自然形成，人类的理性是人的个体理性以外的产物，必须从外部输入，这就使得人的个体理性在现实上具有双重意义，既有人的个体理性的自然成分，也有从外部输入的人类理性的成分。人的个体本质是不能改变的，即本恶的人不会转化为本善的人，本善的人不会转化为本恶的人，唯一能够转化的就是人的个体理性，这种转化使人的个体有了内秀之美，是人的个体全部进步的来源。

在人类历史的长河中，人类的理性以知识的形式保存下来，以文化的形式传播开来，使人类的理性能够融入人的个体理性之中，使人的个体理性有了质的飞跃。通常情况下，人的个体如果不是刻意拒绝和漠视人类的理性，那么他的理性在决定行为趋势时总是要受到人类理性的引导和修正，这就使得人的个体能够在团体中达成共识而不至于总是在善恶方向上运动的缘由，人的个体行为为什么能够变得文明起来？其原理也就在这里。但不管人类的理性怎么强大，都不能完全代替人的个体理性的形成，人的个体理性始终受制于人的个体本质，并接受人类理性的修正，以期达到某种契合。

在现实生活中，人类理性的根本作用就是把人性善恶调节到合理范围，使善恶之争不至于影响到人类的生存。人类社会的全部问题从根源上讲，既不是经济问题，也不是社会问题，而是善恶问题，把善恶管住了，社会就平稳了，而管住它的根本途径就是人类的理性，或者说人性善恶只能在人类的理性上得到统一，失去这种统一，本恶的人就会变得更恶，本善的人就会变得更善，人类就永远在善恶之争上运行。

人的本质（包括理性）是看不到的，只有当它转化成人的行为时，人们才能透过现象看到本质；人类与人的本质一样，也是看不到的，只有当人们看到一个个具体人的时候，才能在认识上上升到人类的概念。对本质和人类的认识是一个判断推理的过程，在通常情况下，人们使用人的概念时往往是指人的个体或人的整体：具体对象上是指人的个体，面对一个家庭或三两个人以上指的是人的整体，这两个层次都是人的微观，只有到了宏观层面上，人们才使用人类这个概念。

九、人性之本的三种行为状态

人际关系是人的本质的恒定表现场所，没有人际关系，就没有人的本质的实现。人的个体在与世隔绝的情况下，即便是做了再多的善事恶事，如果没有人的评价和追究，也就不能成其为善恶。那么，人的个体本质就有了两层含义：第一，从内部看人的个体本质是人的生物属性超常生发的产物；第二，从外部看人的个体本质是在人际关系中彰显出来的，或者说没有人际关系也就无所谓人的本质。

在人际关系中，人的个体本质转化为人的行为时有三种基本状态：第一种是人的行为直接表达人的本质，是人的行为的自发状态，在这种情形下，人的个体善恶分明，有时候表现出人性的极端。第二种是人的行为通过人的理性表达人的本质，是人的行为的正常状态，在这种情形下，人的个体行为有节有度，即便是恶一点、善一点，他人也能接受，如果是在某个方面完全按人类的理性行事，也是对人类本质的美好表达，这时候人的个体行为达到了最佳状态。第三种是人的行为受外部环境压力表达人的本质，是人的行为的异常状态，在这种情形下，人的个体表现出来的就是他本人本质的反向状态，不是伪善就是伪恶，这种善与恶同样是人的本质，只是这种本质不是他本人的本质，而是他人的本质。人性本恶的人做些善事，人性本善的人做些恶事，都属于这种情况，但它不代表人的个体行为的总体趋势，不代表人的个体本质发生了变化，而是外部环境压力条件下产生的结果，或者说，人在行为上的一时善恶不能完全认定为他本质上的善恶而成为判定某人本质上就是善的或者恶的标准，需要做出进一步观察。

人的行为第一种情形表明，人的行为在自发状态下是有缺陷的，是不完美的；人的行为第二情形表明，人的行为是可塑的，是可以达到完美的；人的行为第三种情形表明，人的行为是可变的，这种可变性是外部环境压力条件下的反映，一旦失去这种压力又会恢复原状。

人的行为如果仅仅只表现人的原始生物属性，譬如人要吃饭、人有亲情、人要认知等，那么这时候的人就等同于动物，只是比动物的层次更高一点而已，但这种情况通常不会独立出现，或者说只是人的本质表现过程中的一种过渡、一个环节。譬如，人要吃饭，吃过饭以后，人要做点事、想点事，这其中就有了人的本质活动，包括吃饭的本身是奢侈一点，还是节俭一点等，完全按原始生物属性行事的人是没有的，或者说，人总是生活在人的本质之中而受到人的理性的引导和外部环境压力的作用，即便是完全按人的共同理性行事，也是对人类本质的美好表达，这当然是人的个体行为的最佳状态。

前面已经说过，人的本质（包括理性）是看不到的，只有当它表现为行为时，人们才能透过现象看到本质，这就有了人总是生活在现象之中的现象，这是看似简单的本质为什么又很复杂的原因。一个生活在现实社会中的人，如果总是能够把握住现象，那么作为短期行为，这个人可能总是赢的。如果一个人总是去观察本质，那么这个人一生都会很苦闷。生活中你想你的，他做他的，在万花筒般的现象面前，也就有思想家们、政治家们一生难以摆脱的困惑，一生研究不完的问题，一生解答不尽的难题，包括一生难以摆脱的苦难，这就需要对思想家们、政治家们给予敬畏与宽容。

人的本质是在人际关系中实现的，人的个体只要不拒绝人的共同理性，即便是你做不到不怕恶人，但至少可以做到不欺负善人，做到摆事实讲道理，那么你的本质不管是善是恶，就与人类的本质有了某种契合，这时候每一个人都是值得称道的，人类的希望也就从这里起步。

第三章　金字塔结构的基石及内涵

在《人性的金字塔结构》一章中，论证了人的生物属性、人的本质以及人的理性的产生，得出了相关结论。那么这座金字塔结构又是建立在怎样的基石之上，又有哪些内在涵量呢？

一、生物大金字塔结构的三重分割

生物学一般把生物分为动物、植物和原生物三种类型，人是动物的一种高级形态，社会学往往把人从动物界区分出来，那么，从高级到低级排列，它们的秩序分别就是人、动物、植物三个层次。原生物作为动物、植物的母本，在这一层次上不再单独划出。根据人、动物、植物三个层次的排列，把以人为中心的金字塔结构（见图2.10）的中心线和三条棱线向下延伸出两个层次，就得到了一个具有三个层次的新的更大的金字塔结构（图3.1），这个新的更大的金字塔结构就是生物大金字塔结构。

在这个生物大金字塔结构中，人处于顶层，动物处于中层，植物处于

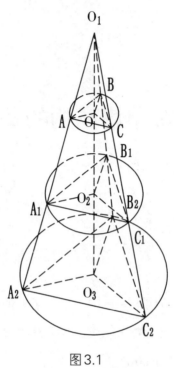

图 3.1

底层，它们的中心线（O_1O_3）分别由人（O_1O）、动物（OO_2）、植物（O_2O_3）三条线段组成。三条棱线 O_1A_2、O_1B_2、O_1C_2 分别由人的生物属性线、动物的生物属性线、植物的生物属性线连接而成，同时把这三个层次从图形中分割出来，就得到了三个不同的图形，即图3A、图3B、图3C。

从图中可以看出，图3A是一个以人为中心线的图形，即图2.10的原型，这个图形是一个完整的金字塔结构，图3B、图3C分别是以动物、植物为中心线的图形，这两个图形不是一个完整的金字塔结构，而是两个上下相邻的金字塔结构平台，这就可以知道，以人为中心线的金字塔结构图（3A）是建立在动物、植物两个金字塔结构平台（图3B、图3C）之上的结构，正是这两个金字塔结构平台共同构成了人性金字塔结构的基石，其

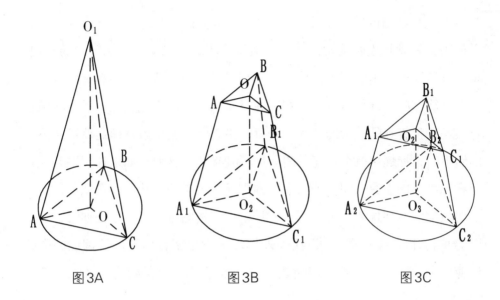

图3A　　　　　　　图3B　　　　　　　图3C

中，植物金字塔结构平台是人性金字塔结构基石的基石。

在生物大金字塔结构中（图3.1），与人的三种原始生物属性线相对应的动物、植物的生物属性线的构成是怎样的呢？这里以三角形ABC的三条边为参照进行阐述。

在体质属性线方面，动物、植物都有体质，在这条对应线上，三者基本保持一致，即与人的体质属性线（AC）相对应的分别是动物的体质属性线（A_1C_1）和植物的体质属性线（A_2C_2），都包含了食欲、眠欲和性欲。其中，动物在食欲、眠欲、性欲上与人大致相同，只是高低层次上的不同。植物则有了很大的不同，在食欲上主要是从土地中汲取营养，在眠欲上主要有季节上的生发与休眠，在性欲上主要靠花粉传播延续后代。

在智力属性线方面，动物有认知和模仿外部事物的能力，这种能力通过动物的五观获得，只是这种能力比人的认知和模仿能力要低一些，要初级一些，并且不能像人那样能够抽象事物而建立起此事物与彼事物之间的逻辑联系，缺失对事物的创造能力，那么，与人的智力属性线（AB）相对应的就是动物的感观属性线（A_1B_1）。植物在这条对应线上体现的是触觉能力，触觉是生物视觉、味觉、嗅觉、听觉、触觉"五观"中的一观，是生物最原始的本领。现代植物学家们经过研究，认为植物都有触觉，这种触觉能够感应外部事物的存在，并且做出相应的生化反应。触觉在植物界表现最为直观的是捕蝇草和含羞草：当苍蝇等昆虫触及捕蝇草贝状体上的绒毛时，捕蝇草就会迅速关闭而捕捉到猎物；含羞草如果遇到触碰，就会在几秒钟内缩成一团。美国韦克福雷斯特大学的贾菲教授发现，每天只要对植物的茎部抚摸敲击几下，就足以促使植物枝叶生长密度加强，这是因为植物在受到触碰时，误认为外部环境发生变化而做出抵御性的强化反应。那么，与人的智力属性线（AB）相对应的就是植物的触觉属性线（A_2B_2）。

在感情属性线方面，动物表现出的是一种认类识群的相容性，它们虽然不能长久地记忆起自己的父母和同胞，但对同一类群体表现出一定的认同感，同类相残的情况主要是由于生存原因造成的，这与人类在这一问题上是相同的，那么，与人的感情属性线（BC）相对应的就是动物的认类属性线（B_1C_1）。植物在这条对应线上表现出的是一种感光性，哪里有阳光哪里就有植物。1998年，美国植物学家史蒂夫·A.凯最先在植物中鉴别出同步时钟感光器，那些分子被证实是科学界熟知的光敏感素和隐色素，植物依靠感光器感觉光的存在、光的强度、光的方向以及颜色的比率等。阳光使植物感受到了最初的温暖，使植物的内部生命运动进入了由土地到空间的流转。植物对阳光的依赖和亲近带有某种最低等的"感情"倾向。光来源于温度，光合作用是植物对温度的依赖，这种依赖也是人类沿袭生物而有了感情的起源，那么，与人的感情属性线（BC）相对应的就是植物的感光属性线（B_2C_2）。

通过上述的对比论证可以知道，动物的三种原始生物属性分别是体质属性、感观属性和认类属性，植物的三种原始生物属性分别是体质属性、触觉属性和感光属性，动物与植物的生命运动分别由这三种属性构成，成为它们生命运动完整的生态形式。

从生物大金字塔结构图形中还可以看出，植物的三条原始生物属性线，即体质属性线、触觉属性线和感光属性线，处于整个生物大金字塔结构的底部，构成生物大金字塔结构的基石，它的存在表明，人与动物都不能脱离植物而独立生存，植物是他们共同拥有的基石。而在人与动物这两个层次上，动物的体质属性线、感观属性线和认类属性线是这一层次的基石，它的存在表明，人不能脱离动物而独立存在，人不但有着植物的基石，同时也拥有动物的基石，也就是说，人的生存必须同时具备动物和植物两种基石。相比之下，动物只需要植物为基石，植物既不需要动物，也不需人为基石，换句话说，就是动物拥有植物就能够生存，植物则不需要动物与人就能够生存，而人则必须同时拥有动物与植物才能生存，这就可以看出，人对生存的条件最为苛刻，这当然是自然进化和选择的结果。

动物、植物作为人的生存基石，使人在生物属性上具有动物、植物的源生性，人在任何时候都不能忽视这种源生性，否则就失去了生存的基础，人就无法生存，这就是生物大金字塔结构揭示的意义所在。传统社会学往往只重视人的社会性而忽视了人的动物、植物的源生性是不可取的。其实就社会性而言，也不是人的特有产物，现代动物学普遍认为，群居性动物也体现出一定的社会性，有其内部的社会结构，虽然这种社会结构非常原始，但对于维系动物界的生存繁衍发挥了不可替代的作用。这就表明，把社会性仅仅看作是人的特有产物是不合理的，是人的优越感形成的一种自我确定而表现出的某种排他性。

在生物大金字塔结构中（图3.1），三条棱线同样分别由人、动物、植物三条原始生物属性线段连接而成，即O_1A_2线由人（O_1A）、动物（AA_1）、植物（A_1A_2）三条体质属性线连接而成；O_1B_2线由人的智力属性线（O_1B）、动物的感观属性线（BB_1）、植物的触觉属性线（B_1B_2）连接而成；O_1C_2线由人的感情属性线（O_1C）、动物的认类属性线（CC_1）、植物的感光属性线（C_1C_2）连接而成。三条棱线从下到上，是一个由低级向高级上升的过程，表明人的体质、智力、感情既起源于动物、植物，又是动物、植物在这些方面的升华，而比动物、植物具有更高的层次。它们之间既相互联系，又拥有各自独立的生存空间。在这些生存空间里，人就是人，动物就是动物，植物就是植物，它们之间上下相邻，高低不同，层次分明。

二、人性的动物特征与区别

在生物大金字塔结构中，人与动物既相互联系又层次分明，那么人所具备的动物特征与区别又是什么呢？这里作进一步的论证。

（一）人的动物性与它的两大分水岭

人的三种原始生物属性的内在构成，在《人性的金字塔结构》一章中已有论证：人的体质属性包含了人的食欲、眠欲、性欲；人的智力属性包含了人的认知能力、模仿能力、创造能力；人的感情属性包含了人的亲情、友情、爱情。在生物大金字塔结构中（图3.1），动物与人也有三条相对应的线。在体质属性线上，动物与人大体相同，即动物也有体质属性，也包含了食欲、眠欲、性欲。在智力属性线上，动物与人相对应的是感观属性线，动物的感观也有认知能力和模仿能力，这种能力与人相比较性质基本相同，只是高低上的差异，但人有创造能力，动物没有。在这条线上，动物通过五观获取外部信息，在大脑里建立起不同事物的成像，能够区分出此事物与彼事物之间的外部差别，使事物在动物的感观上不再混沌，这就形成了动物的认知能力，这种认知能力与人相比较只是一种低等的感性认识。动物会模仿一些自然行为，使用一些简单工具，具备某些低等的劳动能力，这在动物界得到了普遍的证明，鹦鹉学舌，猩猩用石头砸取坚果，鸟类用树枝捕获幼虫等就是这种情况。但不管动物怎么模仿，都不能在模仿的基础上，创造出新的事物来，都不能抽象事物而建立起此事物与彼事物之间的逻辑联系来。在感情线属性上，动物与人相对应的是认类属性线，在这条线上，动物有亲情、友情。动物的亲情主要体现在出生初期的母子、同胞之间，动物的友情主要体现在认类识群的团队活动，这种认类识群也是人的友情的原始来源和初级状态，同一动物之间发生争斗的情况主要是由于生存原因造成的，这与人类在这一问题上没有多少区别。但动物没有爱情，动物的爱情完全被体质属性中的性欲所取代。爱情是人对外部世界的人文关爱，有了这种关怀，就有了人对人、人对社会、人对大自然的友好相处。

从人与动物在原始生物属性上的比较，就可以知道人具备的动物特征和其中的差别。人在体质属性上与动物大体一致，表明人在这条线上保持着动物的基本特征；人的智力属性与动物的感观属性，其认知能力和模仿能力的性质基本相同，只是有高低之别，但人具备的创造能力是动物所没有的；人的感情属性和动物的认类属性，其亲情、友情的性质基本相同，也只存在高低之别，但人具备的爱情是动物所没有的，动物在这一层次上完全为性欲所取代。这样一来，人的三种原始生物属性中的九个方面的内在构成，有七个方面与动物在性质上基本一致，只是高低上的差别；有两个方面为动物所没有，为人所特有，这就表明，人的原始生物属性的构成成分有七分是动物性，二分是人的特有性，动物性与特有性的比例是七比二，人没有脱离动物的范畴，又与动物保持着区别，其生态原理就在这里，换种方式表达，就是人首先是动物，然后才是人。恩格斯在《反杜林论》中指出：人来源于动物界这一事实已经决定人永远不能完全摆脱兽性，所以问题永远只能在于摆脱得多些或少些，在于兽性或人性的程度上的差异。恩格斯的这句话说得很经典，但他没有指出其中的来源，或者还不能对这一问题做出深入的研究，就当时的思想任务而言，恩格斯的重点也不在这里，也就不能对此做出深入的研究。

人的特有性占人的原始生物属性全部构成成分的九分之二，虽然只是数量上的少数，但它决定了人的存在，决定了人与动物在原始生物属性上的区分。人为什么能够生发出这种特有性呢？是因为人与动物在各自属性基本相同的成分中有高低之别，这种高低之别是一种品位上的差别，是量变到质变的前提，如同铀，只有达到一定浓度的时候才能产生核裂变一样，这就促成了人的创造能力和人的爱情的诞生而生发出人的特有性。由此可以推测，基因突变理论可能在某种程度上具有一定的合理性。

创造能力和爱情是人的两种特有性成分，成为人与动物在原始生物属性上的两条重要分水岭，任何人在这两条分水岭上，只要出现其中任意一条，人就成其为人，如果两条分水岭同时都不存在，那么他即便是人，也只是人形的动物，或者说是动物人。可以肯定，早期所谓的猿人、类人，都还只是人形的动物，都还不是人，只有到了智人阶段，人才成其为人，才是早期真正的人类。人类学家们认为，人类真正的祖先应该从智人阶段算起是符合这一原理的，在此之前的所谓猿人、类人都是人形的动物，即便是现代人，也有个别的返祖现象。

对于人的爱情，前面已有论及，这里再做进一步阐述。人的爱情在人的感情属性中随亲情、友情依次诞生，与人的性欲没有直接联系，是人对外部世界的关爱。当人类有了自身文明的时候，从这种关爱延伸出去，就是人对社会，对大自然的人文关怀，有了这种人文关怀，人也就有了广阔的胸怀，爱他人，爱动物，爱山水日月，人也就逐步产生了现代环保观念。通俗地讲，爱情就是人的爱心，西方世界把这种爱心称之为博爱、泛爱，这其中当然包含了宗教的意义，其实爱心就是一种人文关怀，这是人对这个世界的贡献，所谓宗教含义是没有必要的。

动物能不能进化成人，这是生物学上的一个巨大疑问。按达尔文的学说推论，是可以做到的；按现代基因稳定性原理推论，是不能做到的。基因学原理认为，人只能由人这种基因从低级向高级进化而来。应当阐明的是：动物与人在原始生物属性上有其基本一致的部分，这一部分由于动物与人在品位上的高低不同，这就使得动物无法进化出人的特有性，动物也就只能停留在动物阶段。如果有一天，动物的原始生物属性在品位上得到了提高，就有可能产生基因突变而进化成类似于人的生命体，当然名称上不能叫人。虽然这种突变自从有了人类以后就从来没有被发现过，但可能性是存在的，或者说是不能完全否定的。

人虽然处于食物链的顶端，但在海洋与大陆之间，人还只能是陆地的霸主，远远不能成为海洋的霸主。人不能像水生动物一样随意地深入到海洋之中，海洋还有很多的奥妙不为人知，海洋应该有海洋的霸主，只是这种霸主到目前为止还只是一个问号，它的产生必然要等到像人一样聪慧的海洋动物的出现才能到来。那时候，海洋才有自己真正的文明，如果这种动物是海豚、章鱼，或其他什么，那么它的身上也就有可能产生了基因突变。

（二）人与动物的本质区别

人与动物的两大分水岭，使人之所以为人，动物之所以为动物。但这种区分只是人与动物在原始生物属性上的区分，还不是人与动物的本质区分，那么人与动物的本质区分是什么呢？

在生物大金字塔结构中（图3.1），人处于金字塔结构的顶端，是一个完整的金字塔结构，三条原始生物属性线形成了一个焦点（O_1），这个焦点是什么呢？就是人的理性，这在《人性的金字塔结构》一章中已有论证。动物（包括植物）在生物大金字塔结构中只是一个金字塔结构平台，三条原始生物属性线无法形成一个焦点，也就无法形成理性。人的理性与动物的非理性，即无理性，就是人与动物的本质区别。在这种本质区别中，人不再是七分动物二分人，人就是人，动物就是动物，它们之间属于完全不同的生命范畴，人在这一层次完全脱离了人的动物属性，人也不再首先是动物，然后才是人的概念，恩格斯所说人的兽性问题在这个层次上得到了完全的摆脱。

人的个体理性有善恶倾向，人的整体理性在善恶之间摇摆，人类的理性在现实上是以它的理论值为指向和参照的一种动态结构，但只要是理性，就不影响人与动物的本质区别；特别是人在人类的理论值上是一个完全的理性体，完全的正金字塔结构，它与动物在这上面的本质区别就最为高尚和伟大，体现出人类的无限意义和无限光明。在《人性的金字塔结构》一章中已经阐述：人类这一概念是相对于动物类而提出来的，是人的全部个体血肉之躯的抽象和宏观把握，在这一概念中，人类之所以与动物类完全相区别，其意义也在这里。

不管是人的个体，人的整体，还是人类，人与动物因人的理性的产生有了本质的区别，人就在地球的众生之中，鹤立鸡群、傲视群雄而顶天立地。人类创造的物质财富和精神财富是动物界所没有的，也不是自然产生的，人类在自己创造的生产力和道德法律体系下运行，这是怎样的神奇和伟大呢？

还有一个问题需要厘清，就是人有本质，动物有没有本质呢？在《人性的金字塔结构》一章已有论证，即人的概念有三个层次，即人的个体、人的整体、人类。人的个体本质非善即恶，表现出人的本质的一维性。人的整体本质是一个善恶的综合体，表现出人的本质的二维性。人类的本质是人的共同理性，表现出人的本质的共性或者说是三维性。动物类没有理性，在这一层次上也就没有本质，但能不能像人的个体和人的整体一样，产生善恶本质呢？当然也不能。人的善恶本质是人在超出人的生存正常需要的情况下产生的，是人的三种原始生物属性某一属性超常生发的结果。动物没有这种情况，一切需要都是为了维持基本生存，没有超出生存以外的更多需求，也就没有善恶的表达，也没有产生像人的个体和人的整体一样的本质。同时，人的本质是在人际关系中表现出来的，动物没有这种关系，也就没有像人一样的本质表现。

三、理性之光

理性是人与动物的本质区别，使人能够在众生之中鹤立鸡群而傲视群雄，理性之光照耀着人类社会前行。

（一）理性的生态属性

理性是人的三种原始生物属性共同作用的结果，这种共同作用在《人性的金字塔结构》一章中，作为平面图形的图2.3，解答了人的三种原始生物属性的三角几何关系。在这种几何关系中，任何一边的运动都会导致其他两边的运动，这就是说，任何一边或者两边独立运动的情况都是不存在的，这就有了人的三种原始生物属性的共同作用。这种共同作用在人性金字塔结构（见图2.10）中，处于底部区域而具备了基础性地位，必然反映到理性形成的过程之中，总是要体现人的食欲、眠欲、性欲，总是要发挥人的认知能力、模仿能力、创造能力，总是要表达人的亲情、友情、爱情，这就使得理性有了自己丰富的生态内涵而不再是一个空洞的概念。同时，人的三种原始生物属性还表现为人的动物性和人的特有性两个部分，人的理性也就必然反映这两个部分的共同作用。人之所以为人，就是因为有了人的特有性，那么，这种共同作用必然由人的特有性主导完成，使理性的生态属性得以巩固和完善。

理性的生态属性还可以从金字塔结构图2.10中推出更多的内容。金字塔结构的三个面，分别代表人的体质属性面、人的智力属性面和人的感情属性面，从下往上，这些面逐渐缩小，表明越到上面，人的体质属性需求、感情属性需求和智力属性需求越小，人就越趋于理性，最后形成一个理性点O_1。当人们一切按理性办事的时候，人就没有过多的要求，也不需要耗费过多的精力和智力，搞些五花八门的事情，人只要朝着一个方向努力即可。在日常生活中，人们会碰到这种情况，灵活多变的人往往难以成事，看似简单愚钝的人只要按照一定的路线，一定的方法，一定的目标坚忍不拔地走下去就能够获得成功，这是理性的生态属性给人们的启示，也是一种办事的最优化，或者说人只要理性地对待事物，事物就不会太复杂。

西方传统理论把理性认定为知识，认定为通过学习获取的外来东西，忽视了理性的生态属性即人的主体地位和内在要求是不可取的。应当承认的是，人在人类这个层次上，人类的理性在历史的长河中以知识的形式保存下来，以文化的形式传播开来，丰富了人类知识的宝库。上一代人的理性作为一种知识的积累，为下一代人的理性形成提供了可贵的参考和补充，但参考和补充不是替代，只是选择与丰富，不管它的价值高低都不能替代下一代人自身理性的形成，这就告诉人们，在吸取传统理论成果时不能照搬照抄，只能吸其有效的部分，去其无效的部分，更不能否定当代人自身理性的形成。

很多人有一种迷信心理，就是一有问题就把传统的东西搬出来，美化一番拿来灌输，其实是有害的。譬如儒学、道教等，其中既有精华的部分，也有糟粕的部分，如果不加以区分，拿来就用往往会适得其反。就道教而言，其真正有价值的思想是"道法自然"，道是什么，就是道理，规律也是道理，是一种周期性道理，这种道理是"人法地"的获得，人用道理去顺应和开发自然也就成为人的一种主动行为，没有这种主动行为，大自然就会永远处在洪荒之中。地球之丰美，万星之罕见而独创出像人类这种高智力的生物，人就必然是这个世界的中心，必然会运用道理，特别是其中的真理去改变这个世界，从这一点看道教有其积极的一面，至于其无为而治、顺其自然的思想则是人们面对人性善恶的一种无奈选择和悲观表达。人如果完全顺其自然，或者只在大自然得到满足，就没有现代文明的产生，就是一种返祖现象。

（二）理性的社会属性

人的三种原始生物属性在人的个体身上发展是不平衡的，这就有了人的个体本质的产生，有了人的本质的一维性。人的这种本质参与了人的理性形成的"共同作用"，造成了人的个体理性的千差万别而有了不同程度的善恶倾向，尽管它不能达到人类理性的要求，但毕竟是人的理性，是人与动物的本质区别。人类的理性在现实上是以人的整体理性为基础，以它的理论值为指向和参照，在动态中始终指向正常，始终指向金字塔结构顶端的中央，一切按理性办事就成为人类社会的全部出发点，这在《人性的金字塔结构》一章中已有论证。人的理性一旦形成，就有其相对稳定性，这种相对稳定性，就人的个体而言表现出来的就是人生观，就人类而言，表现出来的就是世界观。人生观与世界观是人的社会观的总揽，这就有了理性的社会属性，或者说人生观与世界观是理性的社会属性。

人生观就是对人生总的看法，世界观就是对世界总的看法，这是哲学上的一种简明回答。从人的个体与人类这两个层次上区分，人生观只能是人的个体理性的产物，是人的个体对人生意义的理性认识，世界观只能在人的共同载体即人类这个层次上才能形成，是人类对整个世界的理性认识，也是人类认识世界的责任所在。现实上，人类的理性是在人的整体理性的基础上形成的，这种基础也是人的个体理性的有机结合，这在《人性的金字塔结构》一章已有论证。根据这一原理，人类理性表现出来的世界观也就包含了人生观的合理成分，而作为人的个体是不能产生世界观的，人的个体产生对世界总的看法也没有多大意义。但作为人类这一人的共同载体来说，则必须去认识这个世界，这就促成了一代又一代具备专业理论知识的工作者，特别是自然科学家和社会科学家，在前人理论的基础上去做出进一步探索，去认识这个世界，这就有了世界观，并且这种认识已经成了人类社会的一项巨大工程。

理论工作者，特别是自然科学家和社会科学家认识这个世界，是他们在接受外部知识的同时对知识的进一步探索而凝结成人类认识整个世界的宝贵财富，这就有了越来越先进的世界观。在此之前，作为这些人群中的个体也都只能产生人生观。人生观是不需要做专门研究的，是人的个体在接受外部事物和知识，通过人的原始生物属性的内在作用，在人的本质参与下自然形成的观念，是人在成长过程中不自觉的产物，是人的个体理性的稳定形式和表现。

人生观就人性本善、人性本恶这两种截然不同的观点而言，本身也是对人生的总的看法，是人的理性认识的结果。一般情况下，如果一个人的理性有恶的倾向，那么他自然流露出来的看法就是人性本恶的观点，这个人在生活中的行为总体也是趋恶的；如果一个人的理性有善的倾向，那么他自然流露出的看法就是人性本善的观点，这个人在生活中的行为总体是趋善的。由于人在整体上是一个善恶的综合体，具有人的集体意志，那么当社会风气倒向人性本恶观或者人性本善观的时候，这个国家或地区的人们就会默认其中一种观念，但这种观念对于人的个体来说并不是一种自然形成的理性认识，而是一种外部强化。如果没有这种外部强化，他就会回归自身的理性认识。

人的个体在理性尚未成熟的阶段，他所表现出来的本质较理性会更为直观突出一些，所以从孩子身上看人的本质一目了然，孩子的教育也就显得特别重要。教育虽然不能改变人的个体本质，但对人的个体本质有抑制和激活作用，是一种恒定的外部压力，也是灌输人类共同理性的重要途径，人的个体总是自觉或不自觉地接受着教育和再教育。

人类认识世界是以人的生存与发展为基础的认识，也是以人为中心的认识，世界观也就必然带有人的主观因素，这可能也是造成几千年以来唯心主义世界观与唯物主义世界观两大阵营对垒的主要根源。因为有了人的存在，世界就被分为物质世界和精神世界两个部分。其实，把世界完全当人来看待，或者完全当物来看待，都是不能理解这个世界的，应该说，人有人的存在方式，物有物的存在方式，它们之间既有联系也有区别，现代科学探索正在弥合这两大阵营的对垒而试图建立起人类社会的科学世界观。唯心主义世界观和唯物主义何时能够整合起来，当然还需要时间和空间的积累。人类对世界的认识远远没有结束，世界也是一个不断发展、更新的过程，两种世界观孰胜孰负的问题，在一般民众心中还难分伯仲，并将在很长的时间里共存下去。

人类的理性对人的个体理性的引导和修正，也是通过世界观对人生观的作用实现的，如果每一个人不是拒绝，而是积极地接受，那么人的个体理性就会出现巨大的进步，人类就会拥有巨大的凝聚力，就能够从自身善恶制造的苦难中摆脱出来而获得真正的解放和自由，就能够在认识和运用自然规律的基础上，造福于人类社会和大自然。

（三）真理与民主的内在生成

理性的内涵是真理，理性的外延是民主。这是《人性的金字塔结构》一章中的论证，并从人的个体理性有机结合这一原理上进行了阐述，但这种阐述偏重于它的外部结构，那么在人性的内部结构中，真理与民主又是怎样产生的呢？

在人的原始生物属性中，人的智力属性表现出人的驾驭力，这种驾驭力包括两个方面，即人对自身的驾驭力和对外部事物的驾驭力。人的感情属性表现出人对外部世界的人文关怀，这种人文关怀也包括了两个方面，即人对人的关怀和人对外部事物的关怀。人的这种驾驭力和人文关怀始终告诫人们，对待他人和外部事物切记不要随心所欲，不要胡作非为，这就促使人们去努力探索事物的真相，从中获取真理，而探索事物真相获取真理的过程，又是一个时间和空间的积累过程。时间上就是人们对真理的认识有时候靠一个人或一代人难以完成，甚至要靠几代人的努力才能实现，这一过程也是一个吸取前人精华，扬弃糟粕，注入新的发现的过程。空间上就是不同地域、不同民族、不同国家的人们对真理的共同探索，达到认识上的统一。真理的这种时空特征体现的就是一个由纵向接力到横向拓展的民主过程，就是真理与民主相生相伴的过程。

什么是真理呢？古希腊哲学家亚里士多德认为，真理是"思想与物的符合"。英国哲学家洛克明认为，真理是"实在事物的契合与否……"。马克思主义则认为，真理即客观事物及其规律在人的意识中的正确反映；真理有相对和绝对之分，又是相对与绝对的统一等。民主一词来源于希腊语，意思是全民统治或全民做主，是按照多数人的意志治理国家的活动，或者指人民有参与国事、对国事有自由发表意见的权利；多数人决定，同时尊重个人与少数人的权利是民主的基本原则。这些定义各有侧重，也很有权威，但又显得过于抽象和复杂，不利于人们的把握。

其实从人的理性角度上讲，真理就是人们在探索事物的过程中，获得事物真相与其中道理的统一。事物中的道理很多，但真相只有一个，真相与其中的道理统一了，这样的道理才是真理，不统一就不是真理。事物真相与其中道理的统一就成为真理的定义原理，也是真理的本身。在日常生活中，如果人们排除事物真相与其中道理的统一而说出的某些道理都不能称其为真理，特别是用打比方的方法去说明事物的道理，譬如"鸟为食亡，人为财死"是道理，但深究一下可能都是歪理邪理，因为两种不同事物之间不存在真相与其中道理的统一。

民主是什么呢？民主就是民众共同参与，按人们的共识办事。共识是民主的本质，按共识办事就是对民主本质的实践（这在前面章节已有阐述），这就要求人们对已经形成共识的事要及时地去办；没有形成共识的事不要急于去办，这种情况可能是真理还在探索之中，或者只为少数人所掌握，需要形成新的共识才能办理。

人们在生活中如何辨别真理和道理呢？中国有个典故，叫作"千里送鹅毛，礼轻情意重"。唐朝贞观年间，回纥国派缅伯高向大唐朝贡，其中就有一只很珍贵的白天鹅，但中途不慎丢失，留下的就是几片羽毛。伯高向唐太宗献上羽毛时附诗一首，唐皇见诗不但没有责怪伯高，而且给予了厚赠，"千里送鹅毛，礼轻情意重"也就成为一个典故，其中包含的道理不言而喻，但这种道理是不是真理呢？就需要与事物的真相相吻合，需要弄清原委，即回纥国是否真的送了白天鹅，是否在路途丢失了，其间的过程又是怎样的。如果真相与其中的道理达到了统一，那么"千里送鹅毛，礼轻情意重"就是真理；如果回纥国送的仅仅只是几片羽毛，那么伯高就只是为了说得好听一点，有道理一点而已，这种道理即便是与事实不符，但也能够为人们所接受和理解，好的道理也就有它的可贵之处。

从人的一维性和二维性的本质上讲，道理中的歪理也是理，是人为的制造，是人性善恶的表达。人性本恶的人制造恶理，"人不为己，天诛地灭"就是如此；人性本善的人制造善理，"帮助别人，快乐自己"就是如此。如果只讲道理，不讲真相，道理也就五花八门，有时候会自相矛盾，这就有了道理的陷阱。但不管道理是恶理还是善理，都是人理，都是人性善恶的正常表达，这就有了"存在的就是合理的"社会的认同。

"存在的就是合理的"源于黑格尔"凡是现实的就是合理的，凡是合理的就是现实的"提法，但黑格尔对"现实"做出了相应的规范，认为只有适应历史必然性、顺乎世界进步潮流、符合社会发展规律的东西才具有现实性、合理性。按照这一解释，黑格尔的提法不应该受到误解。但事实不然，丹麦霍甫丁在《西洋近世哲学史》一书里直接把黑格尔的观点称之为"凡是存在的就是合理的"，中国哲学家章太炎则表述为"事事皆合理，物物尽善美"，冯友兰在他所著《新理学》一书中也谈道："黑格尔说，凡存在者都是合理的。"难道他们都错了，都不知道或都不想知道黑格尔的解释吗？显然不是。这是因为"存在的就是合理的"有它的人性基础，符合人的一维性本质和二维性本质的表达，得到社会的认同也就不难理解，或者说"存在的就是合理的"在人的一维性本质和二维性本质的表达上是合理的。但这种认同与真理即事物真相与其中道理的统一相去甚远，都不符合人的共同理性即人类本质的要求，这就需要世界观对人生观进行改造。

理性是人的三种原始生物属性共同作用的结果，而真理又是人的驾驭力和人文关怀的产物，在真理的时空特征上，民主贯穿真理探索的全过程。理性、真理、民主的这种内在联系，决定了真理、民主在理性中的核心地位。不管是人的个体理性还是人类的理性，对真理的追求和对民主的实现都是理性的正常表达。这样一来，真理成为理性的内涵、民主成为理性的外延也就成为必然。按理性办事从内涵上讲就是按真理办事，从外延上讲就是尊重人们的共识，这与《人性的金字塔结构》一章对人类的理性侧重它的外部阐述得出的结论是一致的。

（四）理性、意识与精神

理性与意识是哲学上一个常常讨论的话题。意识是怎样产生的呢？马克思主义的哲学观认为，意识是人脑的机能，是客观存在的主观映像。这一观点是马克思主义唯物论存在决定意识的重要体现，也得到了哲学界的基本认同。分开来讲，意识在这里有两层意义：意识是人脑的机能，是对意识主体的认定；意识是客观存在的主观映像，是对意识内容的认定。那么它与理性的关系又是怎样的呢？

在人的三种原始生物属性中，人的智力属性包含了认知能力、模仿能力和创新能力，意识作为人脑的机能产生对客观事物的主观映像在根源上是人的认知能力的作用，是人的智力活动。这就可以知道理性与意识的区别。理性是人的三种原始生物属性并在人的本质的参与下"共同作用"的结果，而意识只是人的单一属性即人的智力活动；人的理性一旦产生就有很强的稳定性，而人的意识在主观映像上随客观事物的变化而变化，具有很强的随机性，这种随机性使人们能够不断接受新事物，并且认识新事物。意识是一种智力活动，智力又是人的理性产生的根源之一，这样一来，意识就会对理性产生作用，这种作用就是意识的随机性不断地补充和丰富理性的内容，使人的理性在相对稳定的情况下充满了活力。理性在层次上高于意识，对意识具有引导作用，这种引导作用体现在人的个体身上，就是理性上的善恶倾向在人的意识中的反映。譬如面对一只动物，是保护它还是戕害它，这种意识上的善恶取舍是理性上的善恶倾向的反映，而不是意识随机产生的，意识仅仅只是意识到了这只动物的存在，善恶倾向才使他有了行为的发生。

心理学把人的意识分为显意识和潜意识。潜意识是精神分析法的重要概念，也是弗洛伊德的主要贡献之一。潜意识被认为是潜藏在意识层面之下的感情、欲望、恐惧等复杂经验，因受到意识的控制与压抑，而个人并不自然觉知。在弄清了意识产生的根源之后，就可以知道，潜意识其实并不是受意识的控制与压抑，而是受到人的智力属性产生的驾驭力的控制与压抑。如果说意识能够控制潜意识，就等于说意识对潜意识有了意识，那么这种意识就成了显意识，也就无所谓潜意识的问题，只能说明意识有忽明忽暗的时候，意识对潜意识的意识逻辑上就是一种悖论。这就可以知道，潜意识只能受人的智力属性产生的驾驭力的控制，潜意识概念的提出才有意义，才能成立。

人在进入梦幻状态的时候，人的智力产生的控制力就会减弱或者消失，人们的潜意识就会发挥作用，这时候人们在日常生活中感受到的各种事物、印象、环境和经验就会毫无规则地搅在一起，呈现出一种魔幻现象，形成意识的无序流动，包括穿越、虚拟等，把意识流产生的景象用文学的样式记录下来，就是意识流作品，包括现代派、印象派、魔幻现实主义，等等。人们为什么会接受意识流作品，并在观看、阅读中没有障碍呢？就是因为人人都有潜意识，都有意识流。

说到精神分析法就涉及什么是精神的问题。霍金在《宇宙哲学》一书中从技术层面对精神加以定义，认为精神是对过去事与物的记录及对此记录的重演。现代研究者认为，精神是人的"精气"与"元神"的表现，是人体中的一种暗物质。什么是暗物质呢？天体"黑洞"理论认为，暗物质是宇宙中的一种能量存在，毁灭着天体，也催生着天体，这正如电，人们既看不到也摸不着，却能感受得到它巨大能量的存在。精神一词在现实生活中运用得非常广泛，有革命精神、科学精神、宗教精神，包括"一不怕苦二不怕死"精神等。当"一不怕苦，二不怕死"作为一种精神存在的时候，就会不断地被人们所重演，精神的力量也就在这里。但要想这种力量不超出它的边际而产生负面效应，精神同样也要受到人类理性的引导和修正，使之有效地服务于社会的进步事业。

人类理性在现实上是人的整体理性参照人类理性的理论值形成的，人的整体理性又是人的个体理性有机结合的产物，那么人类理性也就包含了人的欲望和情愫，融入了人性善恶的成分，但它们经过人类理性理论值的修正和改造，就不再是欲望、情愫和善恶的原生态的表达而成为人类理性的合理成分。人类社会不能由欲望和情愫来主导，更不能由善恶来左右，只能在人类理性的主导下前行，这就是人类理性无与伦比的使命和永恒的光芒所在。社会学有一个古老而令人迷茫的话题，就是"我们从哪里来，又要到哪里去"，这就可以回答"我们从动物界来，到理性社会中去"，这是人类社会永恒的归程。

第四章　人性的四大自然法则

在人的三种原始生物属性中，人的体质属性、人的感情属性、人的智力属性以及由此产生的人的社会属性会生成一些自然法则，这些自然法则伴随着人的一生和人的全部活动，任何力量都无法改变或使其消亡，承认这些自然法则，对于认识人的自身行为有着无以替代的作用。

一、四大自然法则的生成

四大自然法则是怎样生成的呢？在回答相关问题之前，首先需要回答的就是这一问题。

（一）弱肉强食法则，即人的体质法则

从现代生物学食物链的原理上讲，弱肉强食是物种生存延续的必要条件，也是生态平衡的主要参数。人在茹毛饮血的年代与其他动物没有什么两样，不是吃它，就是被它吃，只是在不断进化的过程中，人逐步获得了

智力优势而走上了食物链的顶端，有了生物大金字塔结构的顶层地位（见图3.1）。人在有生之年，只要有可能，对生物包括动物、植物和微生物在内有着通吃的本领。人参与食物链主要是为了维持生存与繁衍，在这种参与中，尽管人处于食物链的顶端，但最终也会成为食物链中的一环，包括失去生命以后被微生物所分解。

人在食物链中的这种弱肉强食的特性，是人的体质属性的正常表达。人的体质属性包含了食欲、眠欲和性欲，人的这三种欲望是人维持生命的基本要素，在不超出维持生命正常需要的情况下，人的这种弱肉强食是一种自然法则，得到人的理性的认同。人的理性是人的三种原始生物属性共同作用的结果（见图2.10），本身也包含了这种法则的合理性。人在对待动物、植物和微生物的问题上是如此，在对待人际关系的问题上也是如此。

人类社会到目前为止，人与人之间，以及由此延伸出来的家庭与家庭之间、国家与国家之间，普遍存在着"弱肉强食"现象。反映到人际关系上，就是你强些，他可能更强些；你弱些，他可能更弱些，"老实人吃亏"就是一种生活常态，中国民间有所谓"善的怕恶的，恶的怕横的，横的怕不要命的"，就是一种现实写照。善良人与善良人相处不是完全的平等，邪恶人与邪恶人相处也不是完全的平等，其原因也就在这里，社会似乎永远也解决不了这种"老实人吃亏"的问题，而是以一种"自我调节"的方式实现社会的动态平衡和人的心理安慰。特别是在对待自然环境包括对待动物、植物的保护和伤害问题上，完全取决于人的生存状态，人在自然环境问题上几乎是"成也萧何，败也萧何"。

可以肯定地说，人只要有人的体质属性存在，人与人之间这种"弱肉强食"现象就无法根除，当然也包括家庭与家庭、国家与国家之间，这是一条人性的自然法则，承认也是，不承认也是。法律上有一条民事原则，叫作"民不告，官不理"，默认的就是这一法则。当然这里需要强调的是，弱肉强食法则的合理性仅限于人的基本生存要求，任何超出这一要求的，就不再在这一自然法则之内，而是呈现出人的善恶倾向，反映出人的本质行为，也就是说弱肉强食法则从人的欲望中产生，为人的基本生存所需要而限于人们在自然状态下能够承受的强度，这种强度虽然也有其残酷的一面，但是可以通过人际关系自然调节达到平衡而无需道德与法律的介入，也就是说，任何人在基本生存问题上都有"弱肉强食"的一面，即便是至善的人也有以动物和植物为食的天性而成为食物链中"弱肉强食"的一环。如果在这一问题上不与人的本质区分开来，就会走到"人人都是恶的"的认识怪圈而陷于人性本恶的结论中。

（二）亲疏有别法则，即人的感情法则

人的亲情、友情和爱情在人的感情属性中依次产生，亲情在先，友情次之，爱情居后，这种以人的自我为中心，由近及远的先后秩序和层次也就自然形成了人在感情属性上的亲疏有别法则。亲疏有别法则与弱肉强食法则相比较有了质的不同，弱肉强食法则产生于人的体质属性，人的体质属性是人的动物本体，当然也是人的生命本体，在这一属性上产生的法则，本源上就是人的动物法则，是人对动物法则在维持生命方面的合理保留，这一点也反映出人的动物本源，即人的个体首先是动物，然后才是人。亲疏有别法则产生于人的感情属性，虽然亲情与友情普遍存在于动物界，但爱情为人所独有。爱情不是人的性欲，而是人对外部事物的人文关怀，是人的爱心。人有了这一层次的情愫，人的感情属性也就有别于动物的认类属性而存在，并且成为人与动物的重要分水岭之一，这一点在第三章《人的动物特征与区别》一节中已有论证。从这一属性中产生出来的亲疏有别的法则也就成为人的法则。动物有亲情、友情，但没有爱情，动物

在这一属性上只能产生认类识群的特征，这种特征与亲疏有别法则虽然保持着某种联系，但始终不在同一个层次上，始终有着质的区别，这种质的区别当然在于人对外部世界的人文关怀，而动物没有这一关怀。有了这一区别也就有了属于人的亲疏有别法则，这就能够解释一种有趣的现象，即为什么人能够宠爱物，而动物不能够宠爱人？人与动物在这一关系上始终是主动与被动的关系。

亲疏有别法则是人际关系的重要法则之一，任何违背这一法则的都有悖于人伦之理。李宗吾先生在他的《厚黑学原理》中，以母、子、兄、友这种关系画圆，认为从内往外看人是善的，从外往内看人是恶的，并以此来论证他的善恶观：即人是没有善恶的，善恶只是人们看问题的角度不同而已，以至于把人的善恶归类于方法上的差异。其实他不懂得亲疏有别法则是人的自然法则，这种自然法则本身没有善恶取向，只是人的生物属性的正常表达，不管看问题的角度怎样，都不能证明人性之本在善恶方向上的实际存在。

（三）趋利避害法则，即人的智力法则

趋利避害是人的一种主动行为，这种主动行为来源于人的智力属性。人的智力属性包含了人的认知能力、模仿能力和创新能力。趋利避害法则从起点上说，来源于人的认知能力。人的认知能力是人对外部事物的印象、感观以及区分与记忆，人在这种能力的基础上，知道了万事万物对自己有利的方面和有害的方面，也就逐步懂得如何去适应外部环境而生存，但这种对外部环境的适应能力仍然是被动的，与动物对外部环境的适应能力没有质的区别。但人有创造能力，而动物没有，人就能够在创造能力的基础上，把这种认识从被动的适应能力转变为主动的适应能力，这种由人的智力属性产生的主动适应能力就是人的趋利避害法则。人的趋利避害法则贯穿于人的个体、人的整体和人类三个层次之中，是人的全部行为能力不可或缺的表达。人与动物在智力属性上都具备认知能力和模仿能力，但动物没有创造能力，动物也就只能产生对外部环境的被动适应能力。人的创造能力使人的智力属性与动物的感观属性有了质的区分。人的创造能力与人的爱情即人文关怀并驾齐驱，成为人与动物的两大重要分水岭，这在《金字塔结构的基石及内在涵量》一章中已经论证，趋利避害法则也就与亲疏有别法则成为人的专门法则，这两条法则共同构成人的独有的天性，使人在原始生物属性上就有别于动物而存在，人之所以为人，从自然法则的角度上讲就在这里。

与人的本质联系起来看，人的体质属性产生人性本恶，弱肉强食的法则也就与人性本恶在原始生物属性上产生着某种联系，但弱肉强食法则本身没有善恶取向，它体现的只是人维持生命的一种生态原理，弱肉强食法则一旦偏离它的生态原理即超出了维持生命正常需要的时候，就进入了恶的区域，就不再在弱肉强食法则的范围之内，而是人的本质的反映。人的感情属性产生人性本善，亲疏有别法则也就与人性本善在原始生物属性上产生着某种联系，但亲疏有别的法则本身没有善恶取向，它体现的只是人际关系的一种生态原理，亲疏有别法则一旦偏离了它的生态原理，就进入了善的区域，就不再在亲疏有别法则的范围之内，而是人的本质的反映。人的智力属性处于中性地位，虽受人性善恶的影响，但又能够驾驭人性善恶，决定着善恶的表达方式，这就使得趋利避害法则从人的智力属性中产生以后有着一种特殊的作用，这种特殊的作用就是为弱肉强食法则和亲疏有别法则提供某种现实的表达方式。

（四）因果期效法则，即人的社会关系法则

社会学认为，社会是人们相互协作的产物，其实从人性的根源上看，社会就是人的欲望、情愫、智力交流的产物，这种交流由血缘、宗族扩大到整个人群，社会关系也就在这种自然变迁中实现，人们无法预置，也无法摆脱。人一旦有了社会关系，就会生成一种以社会关系为潜在形式的运动方式，这种运动方式就是因果期效法则。期效是事物质量中的一个时效概念，超出这种时效事物就会发生质的变化。

如果一个人脱离了社会关系，做了再多的好事都不会得到善待，做了再多的恶事也不会得到惩处，但一旦有了社会关系，这种情况就不复存在，这就决定了因果期效法则本质上是一种社会法则。一个人犯了罪，受到了法律的制裁，是事态发展变化的结果，但从这时候开始，因果期效法则就开始在他的身上发生作用，他的社会地位迅速下降，人际关系会突然变得紧张而疏远，人们先前与他相容共处的局面就不复存在，人们对他的认识也重新开始。如果本人没有耐心，不去虔诚地悔过，就很难再次融入正常社会，即便是能够再次融入正常社会，一切都得从头做起。一个心地阴暗的人，长期做出一些损人利己的事来，但又能游离于道德法律之外，他自己可能觉得很聪明很得意，但他不知道，他这时候是在向社会积怨，特别是在向社会关系的起点和归宿的人际关系积怨，因果期效法则随时随地都在等着他应验，即便是他本人能够熬过这种应验，他的下一代也逃脱不了这种应验。

因果期效是一个历史过程和社会积累，需要经过一定的时间和空间，这就决定了因果期效法则既不是个别现象，也不是即时和短期现象，从某种角度上讲，社会的周期性运动即规律性也是因果期效的积累性结果，也就是说，只要有社会关系的存在，任何人、任何家族、任何民族，都逃脱不了因果期效法则。

善恶都是人的本质，只是在人的个体和整体上有一维性与二维性之分，因果期效也就离不开这两种形式，即善有善的效应，恶有恶的效应。

这里需要说明的是：因果期效虽有善恶之分，但因果期效法则本身作为人在社会属性方面的一条自然法则没有善恶之分，或者说，善恶只是这种期效法则产生的结果，不是法则的本身，所以不能把因果期效法则替代为善恶期效法则。

与因果期效法则不同的是宗教上的因果报应观。这种报应观因教派区别各有侧重。道教、儒教讲的是今生祸福今世报，即行善行恶都会在人的一生中获得报应，民间也有"人有三节，不知哪节好坏"之说，《易经》作为两教的起源，有"积善之家必有余庆，积不善之家必有余殃"之说，所谓"善有善报，恶有恶报，不是不报，时候未到"，《易经》给这种"时候"做出了回答，叫作"行善不昌，祖上必有余殃，殃尽必昌；行恶不灭，祖上必有余德，德尽必灭"，解明一下这个"时候"就是：当你做善事做到抵消了你的祖辈所做的恶事以后，才能昌兴；当你做恶事做到抵消了你祖辈所做的善事以后，就会灭亡。道教、儒教被称为中国的传统宗教，这种因果报应观被后世研究者称之为"一世因果"论者。西方宗教则主张灵魂独立，人由生到死，或进地狱，或升天堂，由上帝主导，讲的是生前因果生后报，人即便是作恶多端，也能在死后通过上帝设定的地狱、炼狱的煎熬赎罪而到达天堂，只是在死后比生前行善的人要多些痛苦，属于"二世因果"论者。佛教则主张人的生死继往开来，因果报应轮回再现，人有超度重生的本领，也就是说，生前作恶多端的富人，来生就是受苦受难的穷人，生前做尽好事的穷人，来生又是福命双全的富人，是"三世因果"论者。"三世因果"论者既不同于"一世因果"论者"一死了之"，也不同于"二世因果"论者"上帝造人"，而是在某种意义上表现出积极的生死观，这也是佛教从外域引进，经过中华民族的改造而长期得到民间认同的原因，鼓励人们今生受苦受难做遍好事，来生又是有福之人。宗教上的因果报应观本质上是一种善恶报应观。

宗教作为人类文明的一种文化现象始终没有离开过人们的精神生活，历代研究者也给予它多种答案，内容十分庞杂。从其流传在民间的效果看，主要有两点，一是赎罪，寻求心理安慰；一是修行，与人为善。从这两点深入下去，宗教应该归类于人的感情属性。在宗教活动中，人寻求的是精神寄托，得到的是感情弥补，实现的是一种善缘。善产生于人的感情属性，宗教也就有了情感上的归宿。中国有"看破红尘，遁入空门"之说，这种"空门"就是人在感情绝望之后的情怀皈依，是人对生命极限的感情理解，虽不伟大，但值得尊重。

哲学上的因果关系揭示的是事物先后相随、彼此制约的一种必然联系，其中的原因是指引起一定现象的现象，结果是指由于原因的作用而引起的现象。从这一意义上讲，哲学上的因果关系与宗教传统上的因果报应观保持着一定的联系，只是不把"果"作为一种报应提出来，而是作为一种"关系"提出来。一些学者把因果关系归纳为多种形式，如一因一果、一因多果、一果多因、同因异果、同果异因、互为因果、系列因果等，这些归纳虽然体现出事物因果关系的多样性，但也模糊了事物因果关系的确定性，很容易陷入矛盾、混乱和诡辩之中而只能自圆其说。

与宗教上的因果报应观、哲学上的因果关系相比较，社会关系中的因果期效法则与它们有着质的不同，这种质的不同就在于前者讲的是事态变化，后者讲的是社会动态，是时间和空间的积累效应，这种积累效应在自然状态下支持了社会的动态平衡，也就是说，人性善恶在自然状态下有共存共容的时候，除了善恶的兼容性外，因果期效法则也产生了某种重要的调节作用。经年的长者往往能够认识到这一点，知道世事变化有时候非人所能为，也就常常置身于是非之外。中国民间有这样一种不经意的现象，就是甲家欺负乙家，只要不是太过分，乡里乡亲一般不去说三道四，人们心里有数，就是上一代人可能是乙家欺负了甲家，这一代人甲家强势了又去欺负乙家，欺来欺去，只要不闹出大的事情来总会在自然中恢复平静。某些官员严以律人，宽以待己，批评别人放任自己，看谁不顺眼就跟谁过不去；为人处世前恭后倨，办事说话趾高气扬，对上尽迎合之能，对下行刻薄之事，退休以后人人避而远之，不管官大官小，这时候他都失去了身边的社会融合，甚至是亲情，留给他的就只有孤寂的煎熬，这当然是一种因果期效法则的社会积累。

因果期效法则虽然是人的社会关系法则，但社会关系始终是以人为中心的关系，因果期效法则归根结底也就是人性的法则，只不过是人性法则的外化形式而具备了某种社会意义，在这种意义之下，人在自然状态下也就有了某种隐忍和期待，这就是：你至恶，大家疏远你；你偏恶，大家相忍与共；你偏善，大家相敬如宾；你至善，大家享你的福。至善的人有做不尽的好事，吃不完的苦头。

人类社会运动都是以人为中心的人的本质运动，充满了人性善恶的缠斗，人们能够在这一过程中，获得求同存异的起码社会环境，能够在自然状态下相忍与共、和平相处，人性的四大自然法则发挥了生态性作用。

二、四大自然法则的认识价值

人性的四大自然法则与人性之本相比较，在于它的生态本色，在这种生态本色下，人性善恶还没有显现出来，或者说它只是人的原始生物属性没有超出正常生发的部分，是人的原始生物属性的额定表现形式，不涉及人性善恶的区域。但这一表现也接近人性善恶的边沿，只要突破这一边沿，人就会向善或向恶的方向倾斜。换句话说，人在这一生态上符合人的基本生存要求，应当为他人所接受，但这种接受也是人对他人表现出的最大容忍度，这种容忍度为人们提供了在现实生活中对人性善恶的把握，形成了对他人"过错"的心理防线，也有利于社会活动而不至于过度拘泥人的行为细节和结果。

人的本质产生以后，人的活动在终极表现上都是人的本质活动。从这一角度上讲，人性的四大自然法则也是人的本质活动中的一种过渡，它与人的本质共同构成了人性的丰富内涵。从几何图形（见图2.4、图2.5）中可以看出，人性善恶尽管在这些情形下分别达到了最大值，但它的体质属性、智力属性、感情属性远没有消失。所谓人的生物属性的正常表达，一部分都是以四大自然法则的额定形式表现出来的，也符合人类生存的天性。在《人性的金字塔结构》一章中，人的行为有三种基本情形，即人的行为直接表达人的本质，是一种自发状态；人的行为通过人的理性表达人的本质，是一种正常状态；人的行为受外部环境压力影响表达人的本质，是一种异常状态，或者伪善，或者伪恶。人的行为始终在这三种情形之中，但在表达这三种行为的过程中有一个前置，就是人性的四大自然法则，或者说它包含在"正常状态"之中。人的个体在满足人的生态要求之后就会表现出人的本质，也就是说，人没有单一的生态表现，总是与人的本质紧密相连，形成人的本质的复方，没有这种复方，人的表现就不完整，就只能停留在生态的层面上，就不是完整的人的表现。譬如，人有了工作，就能够生存，在工作中去扶助别人，理解别人或者坑害别人，就有了人的本质表现，就是人的本质活动，这就有必要厘清四大自然法则的认识价值。

（一）弱肉强食法则的认识价值

在社会学理论探讨中有两个极端，一个认为弱肉强食是人的非理性产物，并且能够借助人的自身力量加以克服和消除。中国明代刘基在《秦女休行》中写道："有生不幸遭乱世，弱肉强食官无诛。"弱肉强食在刘基的认识里不是人的自然属性的反映，而是乱世与朝政不佳的结果，是社会治理出了问题，这种社会治理可以通过"官有诛"来加以改变。另一个认为则是，弱肉强食是人的本质反映，人的作恶多端通常就是它的表现。自从达尔文的《物种起源》问世以后，"物竞天择，弱肉强食，优胜劣汰，适者生存"的法则就通行于世，虽然达尔文本人明确反对过把生物进化用于人类社会学的研究，但后来的情况已远远超出了他的想法。应当承认的是，运用达尔文理论研究社会学问题在方法上并没有过错，社会学特别是人文学中的重大问题必然要依赖自然科学的方法才能最终获得解决。但这种认识的不当之处在于它没有把弱肉强食法则从人的本质中分离出来，而是与人的本质混为一谈。要知道，弱肉强食法则虽然是人的体质属性中的额定表现形式之一，但不是它超常生发的产物，比如人在茹毛饮血年代，猎取动物只是为了生存满足，不是人性善恶的表达，用这种方法去演绎出诸如通过战争控制人口的理论肯定是不恰当的，包括以"狼"的理论来驱动经济发展也是不恰当的。

弱肉强食法则的认识价值在于：不管在什么历史时期，什么社会制度下，人在生物属性上总是存在着"弱肉强食"的现象，总是"老实人吃亏"，总是善良人安于"吃亏是福"，那种刻意粉饰社会太平的做法是不道德的，其结果只会造成人们心理上的失望以及厌世、遁世情绪。但也绝不允许在这种自然法则下，超出人的基本生存需求而成为任何人行恶的借口，使之超出它的尺度范围和人们的心理防线，以保持在人们的可承受力之内。同时，在对待人与自然的问题上，必须以人的生存为基础，任何脱离这一意义的生态观都是不可取的，这正如人在野外遇到生存危机时，人对动物、植物（不管是什么珍稀动物和植物）的索取和对环境的有限破坏都应获得道德的谅解和法律的宽解。

（二）亲疏有别法则的认识价值

在日常生活中，亲疏有别法则有意无意地被人们忽视了，这并不是说人们没有体验到它的存在，而是这种法则潜移默化在人们的行为中，根深蒂固于人们的意识里，形成了一种熟视无睹的效应。人生下来之后，就从父母、兄妹、他人、集体、国家这样一个由近及远的层次里走向社会。在一个家庭中，父母为尊、兄妹为亲、他人为邻、国土为依，逐步形成了亲疏有别、长幼有序的人际关系，这种亲疏有别、长幼有序的人际关系也是社会秩序的雏形，社会秩序的构建对于人类自身的活动有着奠基性作用，离开了这一作用，社会将混沌不堪，人类将永远滞留在蒙昧的年代。

从这种雏形由内往外走，人虽然由亲近走向疏远，但却走向更为广阔的世界，人生之路也因此越走越开阔，人所认识的群体、阶层、事物也就越多，阅历也就越丰富，人的亲情、友情和爱情在这种时空移动中得到了充分的展示和深化，这既是人的个体感情的张力，也是社会空间对人的个体的引力，特别是人的爱情，这种人所特有的人文关怀也就在这一过程中得到实现。从这种雏形由外向内走，人由疏远走向亲近，最终走向人的内心世界，也就有了人的感情生活的最终归宿。一个人不管走到哪里，就是到了天涯海角，总有一种亲情在牵挂，"叶落归根"，乡情乡音，国土国界就是对这种内心世界的写照。人在最困难的时候，总是想到亲人，总想得到亲人的帮助；亲帮亲、邻帮邻其实是一种最朴实、最有效，当然也是一种最原始的救助机制，这种救助机制既在人的理性之内，也在人的理性之外，更多的则是出于人的感情，这其中也包括了人的抚养与赡养义务。人的感情对外总是一种付出，对内总是一种慰藉，这就要求社会建立一种回馈机制，即人在失去了劳动力以后，除了亲人、友人的帮助外，更需要担当社会责任的国家层面上的帮助，由这三个方面共同构建的回馈机制，人类的感情生活体系才算完整。西方社会过度淡化亲情，东方社会过分强调家庭义务都是不恰当的，理解了这一点也就理解了亲疏有别法则的认识价值。

在人的感情生活中，有一种社会现象值得关注，就是人的个体在得到他人资助时，有一种感恩心理，这种感恩心理不涉及人性善恶，而是人的情愫的起码表达。如果漠视这种资助，甚至把其当作自卑的理由而产生对社会的不满是极不道德的，央视披露过有些受资助的大学生不肖于资助人，甚至害怕别人知道小觑了自己而有伤体面。

（三）趋利避害法则的认识价值

趋利避害法则主导着人们的现实生活，不管是否愿意接受这一点，人总是朝着有利于自己的方面努力，同时尽力避开对自己的不利方面。那么是否可以说，趋利避害法则的本身就是偏恶的呢？前面已有阐述，趋利避害的法则贯穿于人的个体、人的整体和人类三个层次之中，你在趋利避害的同时，他也在趋利避害，人在这种关系中就是个体与整体的关系，这就要求每一个人的行为所产生的效果不得或者不能对他人、对社会造成损害。趋利避害法则有这么一种内在精神：就是做一件事情对自己有利，对他人特别是对社会有害，他就不能去做；做一件事情对自己有利，对他人特别是对社会也有利，他就应当努力去做；做一件事情即便是对自己不利，甚至在特殊的环境下对自己有害，但对他人特别是社会有利，他也有义务去做。整个人类都在趋利避害中生存，只有沿着这条路走下去，实现的才是人与人、人与社会、人与自然的友好相处。

从更深远的层次上看，人类在趋利避害的过程中，依靠的是人的共同力量和探索精神，这与人的共同理性的内涵和外延在形成上是相一致的。在这一过程中，人们凝结的是共识，探索的是真理，获得的是民主，这是人类社会在趋利避害法则中释放出的最原始的光辉。懂得这一点，就懂得那些为人类解放事业而做出牺牲的人们，就懂得那些不畏强权、挺身而出、揭示真理的壮举，就懂得那些在邪恶面前见义勇为的行为，就懂得人类社会为什么要倡导集体主义、英雄主义精神。

趋利避害的法则来源于人的智力属性。智力属性在人的本质中居于中性地位，既受人性善恶的影响，又能驾驭人性善恶，这样一来，趋利避害法则往往会被一些人、一些集团所利用，成为行恶或开罪的借口，其实这些都背离了趋利避害法则的内在精神，都是不可取的。旅游行业在国内是一个投诉率很高的行业，为它开罪的理由就是"低团费或者零团费"，这种开罪就等同于允许一个企业先设一个圈套再去诈骗，特别是导游，本身就是一个自由职业，处理过轻，如吊销职业证照等没有多少意义，他换个地方或者姓名同样可以继续从业，可以继续耍狠。其实低团费与零团费对于推动旅游行业发展是有促进作用的，一个行业在蓬勃发展时期，回报社会，鼓励消费，应当得到行业管理者的肯定和倡导。如果管理部门在鼓励低团费、零团费的同时，决不允许降低服务标准，舍弃服务内容，那么没有能力的企业自然就不会这么去做，自然就不会以低团费、零团费为幌子坑游客，赚恶钱。企业效益好的，作为树形象的公益广告，针对一些特殊人群，如老年人、优秀人才等做些低团费、零团费的工作有益无害。国家在律师行业倡导法律援助，在社会领域倡导慈善事业，为什么不能在旅游行业倡导低团费、零团费呢？如果企业家们愿意这么做，一定要鼓励企业这么做。从媒体公开披露的事件看，一些企业在低团费、零团费的幌子下，导游包括公司负责人辱骂、恐吓游客，甩客甚至限制游客人身自由的行为有恃无恐，这对于身在异地的游客来说是一种巨大的心理恐怖，属于一种严重的刑事犯罪，这在发达国家是决不允许的，不是重罪就是严惩，但在国内很多地方处理起来却非常手软，以至于责怪这是游客贪便宜的后果而予以迁就，甚至认为企业要经营，趋利避害情有可原。

（四）因果期效法则的认识价值

因果期效法则是一种社会法则，是人的行为在社会层面上的综合反映，具有社会的积累效应。人们常说"多行不义必自毙"，其中的"多"就是因果期效法则的社会积累，"富不过三代"是在一代创业，二代享受，三代败落的基础上形成的，人心向善与向恶，社会清廉与腐败都是因果期效法则的时空移动。《易经》所谓"行善不昌，祖上必有余殃，殃尽必昌。行恶不灭，祖上必有余德，德尽必灭"，就是因果期效法则在血缘关系上的传递。一个人做了恶事或者善事，过去了也就过去了，为什么还有"余殃、余德"呢？原因就在于这种"余殃、余德"是一种社会认同，社会认同一旦形成，因果期效就会随之而来。一个家庭，他的先人有功于人民和社会，他的后人有所作恶，人们的宽容度往往要大于对一般人的宽容度；上一代人作恶多端，人们对他的后人往往有一种心理歧视，这种心理歧视也是社会认同的正常反应；将功补过、因功赎罪的社会规则为什么能够为人们所接受？道理也就在社会认同这一点上。一个受到法律制裁的人，面对人们的歧视，只能不断地做出努力，改变人们对他的社会认同，才是他去恶的开始，才能真正融入社会，而那种总是寄望于人们和社会对他宽容和照顾是不现实的，在这一种过程中，社会也没有义务把他当作一种包袱背起来而过度地强调为他"重新做人"提供特别的机会。事实上，正常人的就业都遇到了困难，不正常的人要得到照顾，也是一种社会不公，那种在人们的歧视面前表现出不屑一顾的心态，甚至反抗，自暴自弃，往往是他下一轮犯罪的开始，当然也就不能真正再次融入正常社会。

在因果期效法则中，"因"作为人的一种行为包含在前面所说的人的行为的"三种情形"之中，果在效应上也没有时间确定，只是与人的一生形影相随，挥之不去，招之不来。人的理性虽然决定人的行为总体趋势，但在临场上，在"自发状态"和"受外部环境压力"下对人的理性干扰最大，人的理性在这时候往往是事后修正居多，叫作"吃一堑，长一智"，以杜绝类似事件的再次发生而多了一次经验教训的吸取，人的个体能够做到这一点也就很了不起了。因果期效法则有着很强的"软"实力，无声无息，不紧不慢，一旦临来，就无法避免，当事人往往把握不住，琢磨不透，这就使得因果期效法则显示某种神秘而具有威慑的力量，让人产生一种"心理惧怕"。人虽有胆大胆小之分，但"心理惧怕"存在于每一个人的心中，只是程度上的差异。"心理惧怕"约束着每个人的行为，给人以趋善的影响。人们走进宗教场所或者谈论起因果报应时，总会自觉地说：人要行善。当然，因果期效法则与宗教上的因果报应观没有本质联系，只是在"心理惧怕"这一点上是相通的。从人类理性的角度上讲，人不需要行善，但一定要有"心理惧怕"，否则，人就会变得无法无天，换句话说，人为什么要有"心理惧怕"，就是因为有因果期效法则的存在。

中国有一种教育孩子的认识，就是"孩子都是吓大的"，孩子吃不得的不能吃，去不得的不能去（特别是水边），做不得的不能做，这样孩子才能安全地度过童年和少年。如果吃不得的要吃，去不得的要去，做不得的要做，孩子就有夭折的危险，成年以后也会变得胆大妄为，不守规矩。过去小学教材中有一则《狼来了》的故事，就是教育孩子不要说假话，说假话的结果是什么呢？就是被狼吃了。为何要这么写呢？就是要让孩子产生一种心理惧怕。正是因为这一点，因果期效法则的认识价值更为突出，或者说"心理惧怕"相比于"社会认同"在因果期效法则中的认识价值更趋于人的内心世界。

三、四大自然法则的核心

认识了四大自然法则的形成原理和认识价值，有必要知道它的核心是什么，以便进一步了解四大自然法则的社会功能。

（一）弱肉强食法则的核心

弱肉强食法则为人性四大自然法则之首，来源于人的原始生物属性中的体质属性。体质属性是人的生命本体，有弱肉强食法则的驱动，人与自然，人与人，人与社会就会为了生存争取，这种生存争取就是人类社会的竞争现象，竞争也就成为弱肉强食法则的核心，决定着弱肉强食法则的内在运动，使弱肉强食法则始终围绕着竞争进行。竞争中强者生存、弱者淘汰的现实为什么能够为人们所接受？其原理也就在这里。但这一原理也同时限定了弱肉强食法则的尺度，就是不能超越"生存争取"这一范畴，或者说，强者生存、弱者淘汰仅仅是人的生存争取，任何超越这一尺度的都是人的本质表现。人从盘古开天地走来，面临着毒蛇猛兽和食物短缺构成的生存威胁，这时候不管采取什么措施，人对动物的杀戮和食物的掠夺都是正当的。烽火连天，两军相垒，敌对之间生死相搏，不是你死，就是我活，也就无所谓悯惜与同情。但一旦对方成了俘虏，就不再构成对己方的生存威胁，生存争取也就结束，如果再进行杀戮，就是人性本恶的反映，日内瓦国际公约对战俘和平民的优待体现的就是这一精神。

竞争没有良性与恶性之分，竞争的意义在于生存争取，现代体育运动也能体现这一点。体育是对人的体能与技能极限的测试，是人的过剩体能和超常技能在和平状态下有规则的发泄，这一领域竞赛的输赢决定着运动员的优胜劣汰，所谓"友谊第一，比赛第二"客观上是不存在的，但置之死地而后生的暴力运动（如拳击）、冒险运动（如蹦极）也超出了人的体能与技能的极限测试，也就无所谓真正意义上的体育竞争，或者说在这种运动面前，人都面临着死亡的威胁，还谈什么生存争取呢？

生存与发展是人类社会面临的两大问题，也是人类社会继往开来的两个阶段。从人类社会的历史进程看，人的生存有三个基本问题，即食物争取、定居争取和事业争取。食物争取在人类早期茹毛饮血的年代最为典型，定居争取是部落形成的源头，也是国土划定的早期形态，事业争取是个人价值的标志。有弱肉强食法则在其中起作用，竞争也就缺少同情心和人文关怀，甚至变得很残酷。通过竞争，强者生存了下来，弱者淘汰了出去，竞争的这种结果和巨大威力得到了人们的普遍认同意识即便是在现代社会也没有被泯灭，特别是在落后国家的产业起步阶段同类企业之间表现得尤为突出。

人类社会在解决了生存问题之后，面临的就是发展。发展就是要在生存的基础上让人们过得更好，这是发展的本质，也是发展的目标。发展中如果出现了弱肉强食问题，那么就背离了让"人民过得更好"的本质，这就提出了一个问题，发展能不能以竞争的方式进行呢？回答当然是否定的。

发展中有了高楼大厦、高速公路、超级工程，那只是发展的外部感观，真正的发展是事物内部品质的提高。你提高，我也提高，就是发展，就有了共赢；你提高，我压制你提高，就是竞争，这种超出生存范围的"竞争"是行恶，就不会有共赢。共赢也就成为发展的核心，决定着发展的内在运动，使发展始终围绕着共赢进行。如果在发展中出现了"强者生存，弱者消亡"的现实，那么发展也就倒退到了生存阶段，就不再有共赢，就会变得残酷起来，这样的发展是没有意义的，也不是发展。一个企业在竞争中生存了下来，后面的问题就是发展，这就要求企业要着力于内部品质的提高，创新产品、改善服务、讲究诚信、树立形象，成为引领其他企业的标杆，而不是想方设法地去挤压对方、搞垮对方，最明智的选择就是扶持与自己同类的弱小企业，使它们成为自己的帮手和集团成员，实现双方乃至社会共赢。

竞争虽然有着巨大的威力，但盲目推崇竞争，在发展时期也是不道德的，共赢才是发展时期的核心，认识这一点，对于一些发达国家非常重要。芯片核心技术掌握在发达国家手中，也是发达国家多年克难攻关的结果，有了这一技术就有了人脑功能的外部替代而成为人类史上最根本的创新之一。作为这一行业的世界引领者，发达国家当然不是去竞争，而是要引领。如果有了后来者，当然也是同路人，取长补短，实现共赢，才是真正的发展。

从人的原始生物属性上看，弱肉强食法则来源于人的体质属性，这一法则为人与动物所共有，也是人的动物属性在行为上的反映。发展的核心是共赢，共赢是在提高的基础上实现的，提高就不能守旧，就需要创新，而人的创造能力来源于人的智力属性，是人与动物的两大重要分水岭之一，社会到了创新发展阶段，也就到了人去动物化阶段，在这一阶段，人如果不能在行为上完成去动物化的使命，顺利走完这一过程，那么人类社会就会面临又一个漫长的"中世纪"。

从生存到发展是人类社会的重大进步，任何社会的进步最终都是人的进步。面对生存，人们能够接受残酷的竞争现实；面对发展，人们不能够接受残酷的竞争现实，这既是一种社会心态，也包含着生存与发展的深层次原理，就可以解释中国社会的一种生活现象，那就是过穷日子的时候大家没有意见，吃肉的时候大家要骂娘。一个国家在度过了生存危机之后，就有了一定的经济、科技实力，就要谋求发展，如果这种发展只能使少数人暴富，那么就会引起多数人的不满。在发展阶段，国家为什么要制定反垄断法？要扶持中小企业？目的就是抑制"大鱼吃小鱼"式的竞争现象。

如果人类社会只讲竞争，那么人们就会永远停留在生存阶段，生存阶段也是人的动物性较强的阶段，就会心浮气躁，就不会有文明用语在人际交流中的自发形成，社会就会我行我素而妄行，从这样的国度里走出的人们往往显得比较粗俗。

国家有了资本输出，表明这个国家已经进入了发展阶段，对外投资也就成为必然。这时候就要认清自己的角色，即你到别的国家去，不是为了生存而是为了发展而去的，这就必须遵守发展的本质，即"让人们过得更好"。如果违背了这一要求，那么就会变共赢为竞争，就会以自身强大的资本实力去掠夺，去搞垮别国的企业，别人当然不是你的对手，国家之间的交恶也就由此开始，即便是不交恶，也会为别国留下深深的民族伤痕。这一点，现代国家也没有完全处理好。记得中国有两个好的品牌，一个是水仙洗衣机，一个是飞鹰剃须刀，外资进入以后，在兼并的基础上对这些民族品牌进行了边缘化，从竞争的角度看没有什么不对，从发展的角度看就不对了，如果外资借助这些民族品牌去做大做强，那么实现的就是民族认同，得到的就是双方共赢。中国有对外实行仁政的历史，这一点与发展的理念有所契合，拉美和非洲等后发展中国家就是其中的受益者，这当然是件好事，特别是国有企业对外投资，在发展自己的同时也帮助他国发展民族经济，扶助民族企业，并力所能及地做些公益事业，得到了当地民众的认同而树立起良好的国家形象，"一带一路"建设纪录片《远方的家》就有很好的例证，这其中体现的就是发展的道理，而不是生存的道理，事实上在这些国家搞竞争是不受欢迎的。

生存与发展在国家与地区之间，往往不是两个截然分开的阶段，一部分人还在求生存，一部分人已经在求发展，这就使得生存争取与发展提高有时难分伯仲，相互交织。如果一切从易不从难的话，那么竞争也就会成为一种滥用的手段。当然，用竞争的方法去搞发展，速度虽然很快，效率虽然惊人，但社会混乱，问题丛生，人民道德就会退化到生存阶段，人类文明就会返祖，这就不是发展了，人们要自觉地认识这种使命，逐步实现人类社会在行为上的去动物化转型。

（二）亲疏有别法则的核心

亲疏有别法则产生于人的原始生物属性中的感情属性。人的感情属性产生以后，人就有了的内心世界和精神生活，人的内心世界是人的感情的独立建筑，在这座建筑里，人显得极其丰富，这种丰富是热是凉，是深是浅，外部力量很难介入，除非他自己表现出来，这就形成了个人隐私。个人隐私产生以后，就成为亲疏有别法则的核心，决定着亲疏有别法则的内在运动，使亲疏有别法则始终围绕着个人隐私进行。人不管怎么亲、怎么疏，怎么有别以及对谁亲，对谁疏，总是藏在个人的隐私中。亲人之间、朋友之间、同事之间、男女之间都有个人隐私，都有亲有疏，都必须得到尊重，这就形成了个人隐私权。个人隐私权是人们生活中最神圣、最不可侵犯的权利之一。人对人，人对自然，人对社会，总有隐藏在内心深处的东西，总有不愿意向他人说起的地方，即便是他人知道的事情只要他自己不说，一般人都不要去主动提及，以便触及他内心的伤痛。个人隐私从内心世界上讲是人的心理屏蔽，有了这种屏蔽，社会关系特别是人际关系就有了一层神秘的色彩。人们研究历史，研究人物，研究事件，往往会有一些难以参透的地方，其原因也就在这里。

《论语·子路》篇中叶公问孔子时说："吾党有直躬者，其父攘羊，而子证之。孔子曰：吾党之直者，异于是，父为子隐，子为父隐，直在其中矣。"从孔子自身倡导的道德上讲，孔子的这一说法是说不过去的，其对直的解释更是有些荒谬，《韩诗外传》对此进行了批评："外宽而内直，自设于隐括之中，直己不直人。"其实韩喻并不懂得，孔子的说法是符合人的亲疏有别法则原理的，是个人的隐私在发挥着作用，现代人对此也要有一种正面认识。一个家庭成员在亲疏有别法则中，会得到家庭的庇护，道德和法律都应该正视这一问题，虽然增加了排查案情的难度，但也不能否定隐私的屏蔽作用。民间磕磕碰碰的小矛盾，有时候会猛然升级，很有一些是出自有意无意地去揭露了别人的隐私。

中华民族在隐私这一问题上，有时候做得很好，有时候做得很差。诸如个人称呼在古代是很讲究的，晚辈称呼长辈，平辈称呼尊辈，同辈称呼同辈都不能直呼其姓名，这是对个人姓名隐私权的尊重，也显得很有礼节，特别是在公共场合不能大呼小叫，这就有了除姓名以外的字号之称，字、号既是一种代称，也是人的一种尊称，有敬重、文雅的意义，古代文人墨客多有字号，李白字太白，号青莲居士；白居易字乐天，号香山居士等。但另一方面又做得非常差，《水浒传》中的108将就没有几个雅号，以至于民间流传着一种拿外号戏人、愚人的风俗。

（三）趋利避害法则的核心

趋利避害法则来源于人的智力属性，趋利避害的结果使人受益，这种受益对人的认知是一种诱导，使人产生一种对有益事物的心理向往，甚至产生一种在现实生活中无法找到的美感而去构建未来，这就有了人的理想的产生。人的理想一旦从趋利避害法则中产生，就成为趋利避害法则的核心，决定着趋利避害法则的内在运动，使趋利避害法则始终围绕着理想进行。理想是人的一种心理向往，不一定符合客观趋势和要求，也就不一定能够实现，但人们可以朝着理想的方向努力。理想像冬天里的一把火、黑暗中的一盏灯给人以热情和光明，给人以积极的昭示。前面已经阐述，趋利避害法则主导着人们的生活，贯穿于人的个体、人的整体和人类三个层次之中，这就使得一个人、一个群体、一个民族都有了自己的理想，都会朝着自己的理想奔去。

理想不同于理性，理性是人的三种原始生物属性共同作用的结果，理想则只是人的趋利避害法则的产物，属于人的单一的智力属性。理想在个体层次上是一种昭示，在整体层次上是一种前驱，在人类层次上则是一种虚拟状态（见图2.14），即人类理性的理想状态只是人类理性的理论值，这种理论值作为人类理性形成的参照，使人类理性在现实上实现了动态平衡，理想也就不能取代理性，人类的理想社会也就必然为人类的理性社会所取代。理想可以憧憬，理性才是现实。理性社会虽然不是物质财富的极大丰富、精神财富的高度满足以及人的个性的全面解放，但一定是一种很规范的社会制度。人们在这种社会制度内享受完全的自由和满足，偏离这种制度就会失去自由和满足，这正如行走在高速公路上，遵守交通规则，人人畅通无阻，违背交通规则人人都有危险。人们现在所做出的一切制度性努力，就是在为实现这种理性社会做出的历史性积累。

在现实社会中，很多群体提出了自己的理想主张，但又无法完全做到，或者说做得完美，原因就在于理想与人类所要达到的理性社会总是存在一定的差异。应当承认的是，这些理想主张在人类理性社会建立的过程中具有积极的引导性、探索性意义。

（四）因果期效法则的核心

因果期效法则是一种社会法则，是社会积累对人的行为的答案、评价和最终认定，人的个体理性一般很难事先参与，也就是说，当人们认识到它来临的时候，已经无法挽救和回避，人在理性上能做的就是吃一堑，长一智。人在社会生活中，创造的是财富，获得的是地位，因果期效法则实现的就是这种财富和地位的自然转移，财富和地位的自然转移在因果期效法则中生成，就成为因果期效法则的核心，决定着因果期效法则的内在运动，使因果期效法则始终围绕着财富和地位的转移进行。社会财富的来源对于每一个具体的人来说，有正当和不正当之分，如果来源不正当，可能会在下一轮社会规则中出局，社会的正当性是任何社会规则的基石，这种正当性具体来讲就是社会正义。

在经济生活中，财富过度分散不利于经济的发展，这就需要财富集中，而财富过度集中，又不利于社会稳定，这就需要分散。财富在集中的过程中必然存在着不正当的取得，包括掠夺和剥削。财富在分散的过程中必然也存在着不正当的取得，包括剥夺和平均。但这种不正当的取得，在多数情况下都不会得到清算，只有等到下一轮财富的集中和分散的到来才会实现社会财富的自然转移，这就是因果期效法则在经济层面的作用而产生的内在运动。掠夺和剥削是财富集中最有效最快捷的途径，剥夺和平均也是财富分散最有效最快捷的途径，但这其中不正当的取得，只会在新一轮社会规则中被逐步淘汰出去。可以肯定，因果期效法则作为社会动态平衡的自发力量而长期发挥着调节作用。

因果期效法则从总体上讲是一种周而复始的运动，是一种非暴力、非突变的过程，不管时代怎么变迁，除了内容上的变化外，其形式都是一样的。一个家庭的兴败，一个民族的起落，一个王朝的更替都是如此。因果期效法则与暴力和突变形式相比较，显示出"和"的效果，但也是一个考验人的耐力极限的过程，在人们还不能完全认识和把握这一法则的情况下，往往只有自觉或不自觉地加以适用，用句中国民间的话来说就是听天由命。人的生命是有限的，人类历史在人的个体面前显得特别漫长而又充满了喜怒哀乐，这与因果期效这种可望而不可即的时间跨度有关。人们希望社会变更，但往往一代人是等不到的，即便是等到了，则变更的效果也不一定符合人的愿望。

人性的四大自然法则在人类社会活动中发挥着生态性作用，是人的行为起点的额定表现形式，这就是为什么只要有人就有竞争，就有隐私，就有理想，就有财富和地位的转移。人从这些起点出发，走向人的本质的深层。人的本质在个体上非善即恶，整体上是一个善恶的综合体，人类则是一个理性体。当每一个人的本质都趋从于人类本质的时候，人性的四大自然法则就会为人们所把握，这时候人类的全部活动都是美好的，人类社会也是美好的。

第五章　人性之本与人际关系的运动方式

社会学认为，人际关系是人们在生产、生活中建立起来的一种社会关系，心理学则认为人际关系是人们在交往中的一种心理联系，当代通俗读物则侧重于人际关系的行为阐述。

1934年，犹太籍心理学家莫里诺提出了人际关系的社会测量法，即在假设团体内部通过样本条件选择，使得各个成员在积极与消极的人际情感基础上形成一种非正式组织，以测定相互偏爱和疏远的人际关系对团体士气和效率的影响。美国学者舒茨则提出了人际关系的三维理论，他认为人的个体都有三种基本人际需要，即包容需要、支配需要和感情需要。包容需要包含了与他人的接触、交往和相容；支配需要包含了控制他人或被他人控制；感情需要包含了爱他人或被他人所爱。舒茨的三维理论还提出了群体形成的整合原则和分解原则，即群体形成的过程开始是包容，而后是控制，最后是情感；群体分解原则正好相反，先是情感不和，继而失控，最后难以包容。莫里诺与舒茨的研究是对人际关系在现实生活中的作用进行的定量分析，有助于人们对人际关系的实际把握和运用。

　　人际关系作为人的一种生存现象，始终与人的本质保持着联系，不管前人的理论怎样，如果避开人的本质谈人际关系都很难解开人际关系的原理、形态以及由此产生的种种矛盾和解决办法。已有的社会学、心理学或是其他专业学科，在研究人际关系时，往往与人的本质失之交臂，这不能不说是一种遗憾，也难以达到它的深度。那么，人际关系到底是怎样的呢？

一、人的活动半径构成人际关系

　　人际关系说到底就是人与人之间的活动关系，人的个体是这种活动关系的载体。作为生命的具体形式，人的个体始终处在生命的运动中，人的生命运动是怎样进行的呢？在第二章《人的三种原始生物属性》一节中，以图2.2的形式进行了描述，即人的生命运动就是以人为中心，以人的三种原始生物属性为半径，沿顺时针方向的运动。

　　人的生命运动在现实上表现为人的活动。人的生命运动是一种内在运动，既看不到也摸不着，只有当它转变为人的活动时，人的生命运动才能活生生地呈现出来。这时候，人的生命运动也就转变为人的活动，人的活动在内涵上也就与人的生命运动方式保持一致，即人的活动在构成上也是以人为中心，以人的三种原始生物属性为半径，沿顺时针方向的运动。只是这种运动半径在转变为人的活动以后有了它的实际尺度，这种实际尺度就是人的活动的时空距离：时间上就是一个人由生到死的全部过程，空间上就是一个人的生命存续所涉及的全部地域。在个人条件和意愿允许的情况下，人能走多远就走多远，能活多久就活多久，包括现代信息技术为人们提供的虚拟空间，都是人的活动半径的有效拓展。

　　人的生命运动转变为人的活动后，人的活动也就不外乎三种情形，即人的体质属性活动、人的智力属性活动和人的感情属性活动，人际关系也就不外乎这三种活动关系。前面章节已经论证，人的体质属性包含了人的食欲、眠欲、性欲，人的智力属性包含了人的认知能力、模仿能力、创造能力，人的感情属性包含了人的亲情、友情、爱情，人际关系也就由这些具体内涵所构成，或者说，人际关系在任何情况下都不能脱离这些内涵而独立存在，并且规定了人际关系的实际含义，即人际关系就是人的三种原始生物属性产生的欲望、能力、情愫的关系，不管是丰富多彩还是纷繁复杂，人际关系都是它的全部包容，这就是人的活动半径构成人际关系的深刻意义和原理所在，是人际关系的一种完整表达形式，所谓社会关系特别是其中的生产、分配关系无不都是它的外化形式，只是这种外化形式更多地为理论研究者所关注而忽略了它的内在意义，使社会关系在政治经济层面较人际关系更为突出一些。

人的生命运动以人的个体为中心得以实现，那么，人际关系也就始终围绕着这一中心展开，这就决定了人际关系在个体上是一种自我实现，这种自我实现形成了人的个体在人际关系中的自我选择的权利，体现出人的基本自由，任何限制这一自由的都有悖于人性的原则。人的活动半径越大，他的人际关系也就越大，也就相对比较复杂；人的活动半径越小，他的人际关系也就越小，也就相对比较简单。任何超出这一活动半径的人际关系对于人的个体来说都是没有意义的，小于这一活动半径的人际关系说明这个人的人际关系出现了缺失，失去了活动半径也就失去了人际关系，所谓人死"恩仇不能代代相传"符合人际关系的这一原理，也是"冤冤相报何时了"的一种尺度概念，即人到死的时候也就了结了。

人的体质属性、人的智力属性、人的感情属性在人的活动中共同发挥着作用，构成了人际关系的丰富内含与变量，人的活动半径的实际尺度即它的时空半径也是这种内含在深度和广度上的展示。社会学认为的人际关系是人们在生产、生活中建立起来的一种社会关系，生理学认为的人际关系是人们在交往过程中形成的一种心理联系，其实都是从外部事物看内部事物，也就很难看到它的真实面貌，应该说人际关系既是一切社会关系的起点和归宿，也是一切社会关系的核心，没有人际关系也就没有社会关系，如果仅仅把人际关系作为社会关系的一个分支，或者把它作为一种心理联系显然过于简单，也就很难理解它的真实意义。

　　人际关系与社会关系用图形来描述，就是图5.1的样式。在这一图形中，内圆表示人际关系，外圆表示社会关系，内圆与外圆的共同圆心就是以人为中心的圆心点O。OA线是人的体质属性线，OB线是人的智力属性线，OC线是人的感情属性线。由于人际关系由人的体质属性关系、人的智力属性关系、人的感情属性关系三方面组成，那么，社会关系与人际关系相对应的关系就是：与人的体质属性关系相对应的就是劳动与分配关系，人的体质属性是人的生存基础，劳动与分配关系由此而来并决定；与人的智力属性关系相对应的就是人的主导与从属关系，人的智力属性产生人的能力，人在社会生活中处于主导或者从属地位由此而来并决定；与人的感情

图5.1

相对应的是人情与人文关系，人的感情属性产生人的情愫，特别是人对外部事物的关怀，人情与人文关系也就由此而来并决定。如果用图形来表述，就可以得出图5.2的样式，这一图形也是人际关系与社会关系在内容对应上的完整表达。

图5.2

图5.2表明，人的社会关系是人际关系的外层空间，并围绕着人际关系运动。人际关系在人的欲望、能力、情愫关系上的正常与否，直接关系到整个社会关系的正常与否。其实，从全部半径线即OA、OB、OC上看，整个社会关系的运动方式也是以人为中心，以人的三种原始生物属性线为半径，沿顺时针方向的运动，只是这种半径由人际关系扩展到了社会关系。它的存在还表明，人的生命运动既是人际关系运动的动力，也是社会关系运动的动力；人的生命运动在产生人际关系运动的同时也产生了社会关系运动，这一过程体现出的是事物由个体到群体、由小到大，然后向四周扩散，形成人与事物整体运动的过程和规律，或者说只要有人际关系运动的地方就有社会关系的运动，以至于哪里有人际关系运动哪里就有社会关系运动。传统社会学认为社会关系决定着人际关系是不能认同的，正常的认识应该是人的生命运动决定着人际关系的运动，人际关系的

运动决定着社会关系的运动；人际关系正常了，社会关系特别是其中的生产关系与分配关系也就正常了，这是一种原理溯源。

人际关系包括由此产生的社会关系，原理上都是人的原始生物属性的关系，但人的原始生物属性产生人的本质，人的本质一旦从人的原始生物属性中产生，那么，人的原始生物属性就以人的本质形式表现出来，人际关系也就表现为人的本质关系，即人在欲望、能力和情愫上的关系都是以人的本质形式表现出来的。人的个体具有人的本质的一维性，人的整体具有人的本质的二维性。那么人际关系，在个体上就是一种非善即恶的关系，在整体上就是一种善恶共存的关系，这种关系由于有人的理性和外部环境压力的存在，有时候并不明显，但总有明显的时候，总有自发而为的时候，只要你细细地去体验和观察，就知道它普遍存在于日常生活之中，甚至随时随地都发生在你身边，让你感受和忍耐。由于人际关系是社会关系的内层空间，又与社会关系共享三条半径而使人际关系成为社会关系的核心，那么不管社会关系怎么演变，怎么延伸，归根结底也是善恶关系，只是这种善恶关系在社会性方面更多地受到两个方面的影响，即人的整体意志和人类理性的影响而较人际关系更为优化宏观一些。

二、人际关系的几何形态

在回答什么是人际关系的良性状态以前，先来看看人际关系的内在运动。从上一节的推理中可以知道，人的生命运动在现实上就是人的活动，人的生命运动的图形与人的活动的图形保持一致，或者说是重合的，即人的活动在内涵上也是以人为中心，以人的三种原始生物属性为半径，沿顺时针方向的运动，只是这种半径相对于人的生命运动有了它的实际尺度，这种实际的尺度就是人走向社会所产生的时空距离：时间上就是人由生到死的全部过程，空间上就是人的生命存续所涉及的全部地域，而人际关系就是这种半径运动的产物，即人际关系不外乎人的体质属性、人的智力属性和人的感情属性的关系，是人的欲望、能力和情愫的全部包容，那么，人际关系的这种内在运动在人与人之间又是怎样进行的呢？或者说人际关系的这种内在运动转换成人际关系的外部形态时又是怎样的呢？这里用图5.3、图5.4、图5.5来加以描述，就是几何学上的相离、相切和相交关系。

在相离的关系中，图5.3是运动中两个分别独立的圆，表明此时人与人之间没有发生人际关系，但随着运动的不断进行，人际关系又存在着潜在的可能，这种潜在的可能就是人际关系的变量，这种变量表明，人处在各自独立的生活空间，可以选择与谁或不与谁发生人际关系，是人际关系选择的自由阶段。全球70多亿人口都处在这种潜在关系的可能中，这就使得广阔的世界有了某种预设的关联，激发人们走向世界而去与不同群体、不同地域人们打交道的愿望。

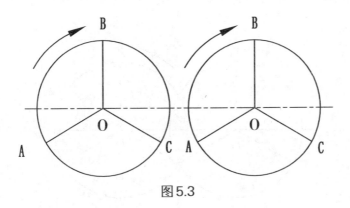

图5.3

在相切的关系中，图5.4是运动中的两个有接触的圆，表明人与人之间发生了人际关系，但关系并不深入。由于各自都是沿着相同的顺时针方向运动，相切的过程就在接触的瞬间发生了像陀螺碰撞一样的运动效果而产生巨大的反作用力，使接触双方又立即分离。在相切的情形下，人际关系存在着磕磕碰碰、分分合合的现象，是人际关系发生但又不能或者不需要长久持续的状态。人际关系在这种情况下，随着碰撞瞬间的发生，又随着碰撞瞬间而分离。

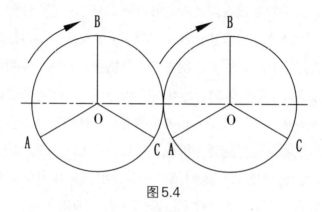

图5.4

在相交的关系中，图5.5是运动中的两个具有部分重合的圆，表明人与人之间发生了紧密的人际关系，有了互相嵌入的深度。两个相交并嵌入

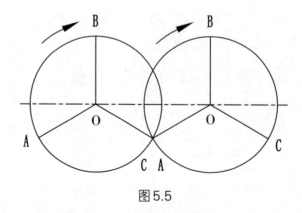

图5.5

了对方的圆，在运动中就是一种齿轮的啮合状态，可以进一步用图5.6来描述（为作图简便，齿形中的非结合部分用虚线表示，下同）。在这种运

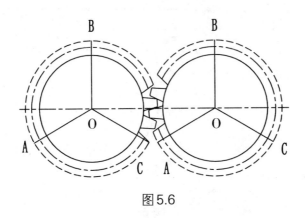

图5.6

动中，由于双方都是同向的顺时针方向运动，都会迫使对方向自己相反的方向运动，这样一来就会形成两种情形，一种是力量均等时就会相互卡死（图5.7）；一种是力量悬殊时，一方被另一方所控制而改变为逆时针方

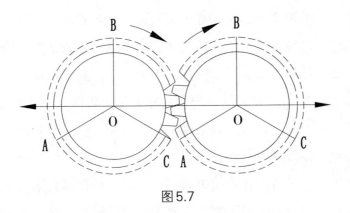

图5.7

向的运动（图5.8）。"卡死"的情形表明人际关系中互不相让的状态；一方被另一方所控制，表明人际关系中被控制方的屈从，但继续运动的结果是，被控制的一方在完成啮合后，立即向控制方相反的方向运动，这种情况表明人际关系中存在着的巨大的反抗力量，也就是说，不管你怎么控制，他都不会与你在同一个方向上运动。

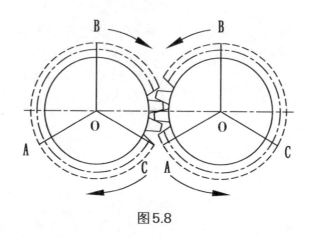

图5.8

人际关系的这些图形很好地展示出人际关系的外部形态，也是人际关系彼此之间的运动方式和实际存在。

从图形上看，人际关系除了潜在关系的情形外，不管是磕磕碰碰、分分合合，还是互不相让与屈从，都表明人际关系矛盾的实际存在，特别是它的普遍性，这种普遍性是人的活动表现人际关系的必然反映和人际关系运动的必然结果，或者说，这种以人为中心，在相互接触中，他人向自己相反方向运动的方式就是产生人际关系矛盾深层次的根本原因，是人际关系矛盾的原理所在。如果没有外力的介入，这种矛盾既无法避免也无法解决。在现实生活中，哪里有人际关系，哪里就有矛盾，而且人际关系越密切，矛盾的程度也就越深远，即便是父母兄弟、亲朋好友都有反目成仇的时候。如果你把家庭血缘、亲朋好友之间的矛盾看得很稀奇古怪，那么只要你了解一下人际关系的运动方式就不难理解，就会豁然开朗。

人的活动半径在内容上是人的三种原始生物属性的全部内涵，人际关系无非就是这些内涵相互交织的结果。从人的生命运动的图形中（见图2.2）可以看出，人的生命运动的起点是人的体质属性线，然后是人的智力属性线和人的感情属性线，人际关系在这种顺序中依次发生。人的体质属性线是人的生命本体，包含了人的食欲、眠欲和性欲，人的智力属性线是人的能力的来源，包含了人的认知能力、模仿能力和创造能力，人的感情属性线是人的情愫的展示，包含了人的亲情、友情和爱情。人际关系不管是丰富多彩还是纷繁复杂，真正追溯到根源也就不外乎这三种关系，即人的欲望关系、人的能力关系、人的情愫关系，细化一下就是人的食欲、眠欲、性欲的关系，人的认知能力、模仿能力、创造能力的关系，人的亲情、友情、爱情的关系。

人的活动只要有人际关系的存在，就会导致人的三种原始生物属性的全面接触，这时候围绕着人际关系运动的社会关系也就成为人的活动的外部联系，而人际关系就成为人的活动的内部联系。譬如，一个人因为经济业务与他人发生了关系而形成了一种社会关系，但这时候人的欲望、能力和情愫就会全面展示出来，如果有了矛盾，表面看来是业务上的冲突，深究一下都是人际关系上的矛盾，是人的欲望相去，能力相左，情愫相异的矛盾。懂得这一原理，就懂得社会关系矛盾的内在根源所在。

人的原始生物属性产生人的本质，人的欲望、能力和情愫最终都会以人的本质形式表现出来。人的个体本质非善即恶，没有中间状态，是人的本质的一维性表现，那么人际关系中的矛盾就会由这三种情形转换为两种形态，即善的形态和恶的形态，这时候人际关系矛盾中的三种情形就会成为善恶两种形态的具体内容，也就是说，人际关系的矛盾最终都是人在欲望、能力和情愫上的善恶矛盾。

人际关系是一种自我实现，人们可以放弃这种自我实现，放弃与某人的人际关系而远离"是非之地、是非之人"，但人际关系是在人的活动中实现，是人的生命运动在人与人之间的表现，人就不可能永久放弃人际关系，特别是放弃与所有人的人际关系。人际关系相对于每一个人来说，只是大小不同，深浅各异，如果非要放弃，那么他就很难生存在人的世界。

三、道德与法律的中介轮作用

人际关系具有矛盾的普遍性，而且关系越密切，矛盾就越深入，"卡死""屈从"等状态，足以让人心背离，反目成仇，但自古以来，人际关系并没有因此熄灭或者推倒重来，人类社会也是从这种人际关系中走来的，那么，是什么在其中起了作用呢？

图5.4是人际关系的相切状态，图5.5是人际关系的相交状态，从几何学上讲，相切是相交的一种特殊形式，这样一来，人际关系除图5.3存在的潜在关系外，都是相交的关系。两个圆相交在一起用图形来表示就都是图5.6的样式，即齿轮的啮合状态（相切可以理解为一种轻度啮合），如果在运动中既要保持各自独立的顺时针方向，又不出现"碰撞分离"和"卡死""屈从"现象，那么只有一种办法，就是在它们中间嵌入一个新的齿轮做中介，得图5.9，才能实现它们之间的正常运动。有了这一中介轮的作用，两个齿轮中任何一个轮的运动，通过它的传导就会实现两个轮的顺时针方向运动，即便是两个轮同时运动，也能保持各自独立的顺时针方向，只是运动更为轻松有力一些。从这一结构图中可以看出，中介轮的出现，是解决人际关系矛盾的关键，是使人际关系得以正常运动的原理所在。也就是说，只要有中介轮的存在，人际关系中的矛盾就会顺利化解。那么，这个"中介轮"是什么呢？就是道德与法律。

道德与法律为什么会在人际关系中起到关键的"中介轮"作用呢？前

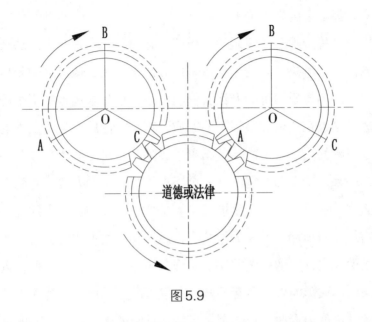

图5.9

面已经阐述，人际关系是人的三种原始生物属性的关系，包含了人的体质属性、人的智力属性、人的感情属性的全部内涵，人际关系矛盾也不外乎这些矛盾。对于这些矛盾，如果又用人的欲望、能力或者情愫来解决，在原理上就会陷入"自己解决自己"的怪圈，使矛盾的开始又回到矛盾的本身，其结果是永远也解决不了。譬如，人与人之间感情上出现了矛盾，又用讲感情的办法来解决，看起来当时是平息了，但日积月累会越来越重，其结果是越解决越复杂；人与人之间出了利益上的矛盾，又用讲利益的办法来解决，当时是有些效果，譬如分配，你多得一点，他有意见，那就给他多分一点，分来分去，大家就有一种无端的欲望，平均主义也就会成为社会的通病，其结果也会越解决越复杂。感情与感情中的矛盾，利益与利益中的矛盾，包括感情与利益的矛盾，在人的原始生物属性上都处在同一层次上，都属于人的原始生物属性，同一层次的矛盾又在同一层次上寻求解决的办法，其结果是永远也解决不了，永远会陷入"自己解决自身"的怪圈之中，甚至会出现逻辑上的悖论。

如果把这些矛盾上升到人的本质即善恶两种状态来解决，那么善的矛盾用善的办法来解决，恶的矛盾用恶的办法来解决，或者善的矛盾用恶的办法解决，恶的矛盾用善的办法去解决，同样也是永远解决不了的。要知道，善恶都是人在个体和整体上的本质，都是人的原始生物属性的直接产物而处于事物的同一个层次，其结果也会陷入"自己解决自己"的怪圈之中。这样一来，就需要在它的上一个层次寻找解决的办法。它的上一个层次是什么呢？从《人性的金字塔结构》一章中可以知道，人的理性处于人性金字塔结构的顶端，是人的原始生物属性和人的本质的上层建筑，具有至高无上的地位，它像一颗闪亮的明珠，照亮人性的各个侧面；人的个体理性受人的本质影响而有了善恶倾向，但人的共同理性作为人类的本质始终以它的理论值为参照，指向金字塔结构顶端的中央。人的共同理性的认识成果是道德和法律，运用这种成果来解决人际关系的矛盾就成为一种必然，就是同一个层次的问题必须在上一层次寻找解决办法的原理所在，道德与法律的这种历史担当恰好充当了人际关系的"中介轮"而发挥着关键作用。

有了道德和法律的这一关键作用，错综复杂的人际关系就能够维持正常的运行状态。人际关系在道德的"中介轮"上运行就是友好的。朋友之间保持深厚的友谊、同事之间有着高度的信任、夫妻之间相爱相敬、家庭之间体恤有加，这些都是自觉遵守道德的结果，也是具有道德素养人的表现；在具有高尚道德的人们之间，人际关系的矛盾处在萌芽阶段，就会得到自觉化解，体现出矛盾的自我防范。人际关系在法律的"中介轮"上运行，就不会失控而保持适度的秩序。法律是人的行为底线的禁止，每一个人在不超出这一底线的基础上去对待和处理人际关系，就能够进行有效的沟通和交流。在具有法律意识的人们之间，矛盾不会激化，有了矛盾也能够通过法律途径加以解决，一些发达国家往往属于这种典范。

人与人之间如果既不讲道德，也不讲法律，那么不管他们利益多么紧密，合作多么频繁，感情多么深厚，最终都会不欢而散；而出现了矛盾既不愿意放弃，又不听从道德、法律的调节，那么留下的就只有仇恨和火拼。一群不讲道德的人在一起，最后都会相去甚远，包括骨肉分离，家族内讧；一群不讲法律的人在一起，最后都会分道扬镳，横眉冷对，甚至大打出手，不管他们平日怎么称兄道弟，打得火热都会无一例外。集团之间、党派之间、国家之间的关系追溯到根源上都是人际关系矛盾的延伸和演化，如果在这种关系中既不讲究道德，也不遵守法律，那么就很难维持下去，包括"同志加兄弟，兄弟加战友"的关系。特别是当道德和法律对它失去作用或者无法约束的时候，"大鱼吃小鱼"的现象就会立即出现。当然，道德与法律的介入，不是人际关系矛盾的消失，而是人际关系矛盾的防范和化解。

四、中介轮作用的互违性

道德和法律作为人类理性认识成果的两个方面，必然反映理性的内涵和外延，这就不能把道德理解为"扬善"，把法律理解为"惩恶"，道德应该是人的行为规范，法律应该是从人的行为规范引申出来的社会运行措施（这一点将在《人性之本与社会治理》一章中进行论证）。凡是能够用道德调节的，就不能用法律去调节，凡是能够用法律调节的，就不能用道德去调节，这是道德与法律的社会分工。或者说，当人际关系中的矛盾对人的行为规范造成损害的时候，就需要用道德去调节；当人际关系中的矛盾对社会运行造成损害的时候，就需要用法律去调节。

通过道德和法律分别调节的人际关系始终都是正常的人际关系，这就排除了第三种情况的出现，即人际关系同时用道德和法律两种方法去调节，如果是这样，技术上就会犯逆向错误，用图形来表示，就是图5.10的样式。从图中可以看出，当人际关系中同时出现两个中间轮调节的时候，人际关系中的双方又会回到"卡死"或"屈从"状态而进入直接啮合的情形。这一图形表明，道德和法律在同时调节人际关系时是一种互违性，其作用相互抵消，这就在技术层面上提出了一个要求，就是必须区别对待道德和法律的中介轮作用，切不能混用滥用，而要各司其职。

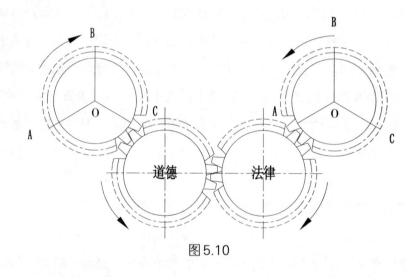

图5.10

日常生活中，道德与法律混用滥用的情况在民间并不鲜见，譬如激愤之中，动不动就说要上法庭打官司，其实相互之间讲讲道德就可以了。上了法庭有了判决，又说乡里乡亲都有辈分关系，何必搞得太认真，结果法律又执行不了，道德就起了"和稀泥"的作用，积累起来可能又是下一轮更大矛盾的开始。三国时期，刘备有位重要谋士叫庞统，上任县令百日不理政事，凡来报案者双方都统统关起来，搞得民怨沸腾，朝廷派大员张飞前去问责，庞统半天就处理完了百件积案，件件让当事人心服口服，张飞也无不佩服，原因就是庞统知道其中大部分案件都是些民间小事，相互谅解，讲讲道德，做点补偿，道个歉也就可以了，何必非要来打官司，既如此，那就关你们一段时间，让你们消消气，受受苦，到时候怎么处理都会满意。因为这时候大家都在想一个问题，就是只要能早日走出牢房就是好事。

有道德和法律中介轮作用的不同调节，就能实现人际关系的正常运动，这种正常运动有两种基本形式，一种是只有一个齿轮的运动，通过中介轮的传导，导致另一个轮的运动。这种运动形式表明一方是主动的，另一方是被动的。在这种人际关系中，一方被另一方带着走，虽然都是顺时针方向的正常运动，但对于主动方来说是件非常吃力的事，有时候还会"吃力不讨好"；另一种是两个齿轮同时运动，通过中介轮的传导，使他们形成合力。在这种人际关系中，双方都是主动的，都有力的付出，都是顺时针方向的正常运动，人际关系则显得轻松而又强大。两种运动形式相比较，后者更为优选，它所揭示的道理就是在人际关系中，只有选择那些与自己志同道合、心性相宜的人，才能达到事半功倍的效果，特别是事业的共同体尤为如此。这正如一个人想做事，一个人不想做，那么合在一起，主动方就会很吃力；一个想做，另一个人也想做，事情做起来就会变得轻松、愉快而顺利。

人的生命运动方式、人的活动时空半径、道德和法律的"中介轮"作用，共同构成了人际关系正常运动的几何形态，有了这种形态，特别是有了道德和法律的参与，人际关系就不再是一种完全的自发运动，而是一种在道德和法律基石上的理性运动，这种理性运动适应于绝大多人的生存满足，是人际关系的良性状态和必然要走的一条路。人际关系的理性运动也是人类社会进步源于人与人之间的活力展示。

五、人际关系中的善恶比较

善恶作为人的本质是通过人际关系显现出来的，人际关系也就成为人性善恶的恒定表现场所，从人际关系看人的本质也就一目了然。

人的本质在个体上非善即恶，在整体上是一个善恶的综合体，但在这其中还有一个人性的四大自然法则问题，即人性的四大自然法则是人的本质表现的一种过渡，或者一种前置状态，虽然它不能推动人类社会的进步，但维持了人类社会的基本生存，是人的生物属性的正常表达和临界状态，这在《人性的四大自然法则》一章中进行了论证，如果把它单独提取出来，那么，人际关系在自发状态下就存在着三种状态，即"四大自然法则"状态，善的状态与恶的状态。

人际关系在"四大自然法则"中的状态又是怎样的呢？这里简要地加以阐述。

一是竞争的关系。弱肉强食法则的核心是竞争，人际关系在这一层次上就是竞争的关系。竞争是人的生存争取，具有开天辟地的意义，竞争中存在着不平等、不平衡甚至残酷的现实，也就能够为人们所容忍和默认，不管是早期人类社会还是现代社会都普遍地存在，这就使得竞争成为人际关系中的一种常态。竞争有时候是生死之交，所以能够挤压出人的巨大能量，但这种能量不能够被无限利用，否则人际关系就会变得十分险恶。

竞争在生存争取这一点上，或者说在这一尺度范围内是没有善恶之分的，但竞争一旦脱离人的生存争取这一尺度就失去了它的正当性。竞争虽然不分人性善恶，但也在人性善恶的临界状态上，是人们心理能够承受的最大限度。在自发状态下，人际关系中的竞争一般不会维持太久，大多都是以竞争开始，以善恶告终。

二是隐私的关系。亲疏有别法则的核心是隐私，人际关系在这一层次上就有了自我保护意识而显得非常敏感，它告诫人们在任何时候、任何情况下，都要尊重他人隐私，否则人际关系就会出现重大伤害，现代法律所规定的个人隐私权本身也是通过人际关系实现的。隐私使人际关系蒙上了一层神秘的面纱而变得有些脆弱，日常生活中的人际关系的很多矛盾常常是因为这种脆弱的平衡被有意无意地打破，维护这种脆弱中的平衡，是社会文明程度的一个重要标志。人们如果在人际关系中都懂得自觉地维护他人的隐私，那么人们相处就会变得自然而又自由。

在人际关系的隐私中，有一个重要因素不可忽视，就是人与人之间有必要保持一定的空间距离。美国人类学家爱德华·霍尔对这种空间距离进行了研究，并分离出四种类型，即公众距离、社交距离、个人距离和亲密距离。这里所指的公众距离是指公共场所人们自我活动的距离，社交距离是指大家在一起交往的距离；个人距离是指单个人之间交往的距离，亲密距离是指双方高度信任和深厚友谊而交往的距离，包括亲情、友情等。公众距离在360至760厘米之间，社交距离在120至210厘米之间，个人距离在44至120厘米之间，亲密距离在44厘米以内。①人与人之间这种距离的合理安排，对于维护个人隐私是有益的。中国古代民间建筑成排成片地建在一起，隐私难以保证，甚至有意无意地被偷窥聆听，邻里之间的矛盾颇多与这种空间距离安排有关。

三是理想的关系。趋利避害法则的核心是理想，人际关系在这一层次上就有了个人抱负的施展。在现实生活中人人都有理想，都会朝着自己的理想方向努力，但由于各自的抱负不同，或者说是理想的期望值不同，这就使得以理想为纽带的群体，在事业走向上往往会出现分裂，理想中的人

①史慧.谈谈人际交往中的空间距离［J］.河南水利与南水北调，2007（7）:73.

际关系也就并不理想。中国历代社会革命，特别是农民革命领导层内部出现分裂，从人的个体角度上讲，无不与理想中的抱负有关：你要偏安一隅，他要天下大同；你要富甲一方，他要造福万民，这就有了理想抱负上的分道扬镳。近代中国革命出现左的或右的路线斗争，一部分根源也在这里，出生入死的同仁，结果搞得人际关系非常紧张，相互信任就会大打折扣。

平民百姓有聚有散，大多因理想抱负的巨细，各奔东西，也就"天下没有不散的筵席"。读名校的子女有出息，种地的子女就没有出息？说得客观点，可能只是理想抱负上的差异。老子说"小国寡民，老死不相往来"，看起来有些消极，其实也是一种国家思想，是对人性善恶的悲观体验而产生的一种消极国家观，虽不可取但也值得同情。如果理想相同，抱负各异，就不必强求一致，大家都想做将军，谁还有心思当士兵呢？这就可以理解"不想做将军的士兵不是好士兵"的谬误之处。其实，战争年代需要善断的将军，也需要英勇的士兵；和平年代需要有为的实业家，也需要敬业的员工。二者之间的社会角色并无贵贱之分，倒是后者作为将军和实业家们实现理想抱负的基础性力量而显得尤为突出。

四是财富与地位转移的关系。因果期效法则的核心是财富与地位的转移，一部分人物和家族在没落，一部分人物和家族在上升，人际关系在这一层次上也悄然发生着变化。对于那些没落中的人物和家族人们不会过多地同情，对于那些上升中的人物与家族人们多以赞赏，人们认识上的这种默契，就是《易经》上所说的"积善之家必有余庆，积不善之家必有余殃"。因果期效法则在人际关系中的作用同时告诉人们，对于那些积弱积贫的国家和个人，都没有必要过度地同情和惋惜，因为很多原因都是他们自身造成的，是因果期效法则的周期性反映。清末民初，中国社会官僚腐败，盗匪猖獗，地方势力盘剥深如渊海，民间疾苦万劫不复，国家力量薄如鲁缟，惹得八国联军前来瓜分，怪谁？只能怪自己，也就有了当今人们"落后就要挨打"的认识。

在简要阐述了人际关系的"四大自然法则"状态后，再来看看人际关系中的善恶状态。

就人类社会而言，人际关系在善的方向上运行，人们精神生活一般都很高尚，不管是贫穷落后，还是富庶满足，人们都能同舟共济，和睦相处，好人好事随处可见，但这种人际关系在人类社会的历史长河中时隐时现，不会长久。人际关系在恶的方向上运行，物欲横流，诚信缺失，社会问题丛生，人们自我修养名存实亡，私欲膨胀，人欺压人的现象十分普遍，特别是黑恶势力有增无减，这种人际关系在人类社会的某些时期表现得尤为突出。

就人的个体而言，本善的人在人际关系中，总是希望人们能够和睦相处，我对你好，你就也应当对我好，受到伤害时常常忍气吞声，一般不会去报复个人，而会转化成对社会的不满，这种不满长期积累，就是社会内在动荡的力量。"善"有一种"除恶务尽"的心态，也是长期以来人际关系不平等的转化，一旦暴发就是群体性力量的暴发，会对社会机体产生突变性的损伤。本恶的人在人际关系中，不强求其好坏，只强求自己的得失，在人际关系中他们总能占到便宜，生活适应能力很强，一旦受到伤害，他们会对个人进行报复，同时在面对强手或无奈的情况下，又会迁怒于他人，你报复我，我报复他，报复完了，心理也就满足了、平衡了。"恶"不会产生对社会的积怨，有一种"识时务者为俊杰"的随流心态，这种心态是"恶"营造的一种社会环境，"恶"又去自我适应的反映，这就对社会机体有了渐进式损伤，使社会变得混乱而没有节制。

在善的人际关系中，社会强调的是人的自觉，但这种自觉对于本恶的人来说是不能够长期发挥作用的，只要其中有极少的人带了不善的头而又得不到惩处，就会成为恶的风向标而迅速漫延。恶的人际关系虽然不是正常的人际关系，但也能够激起人们改变现状的愿望。从人性善恶群体的比重上看，本恶的群体约占60%，本善的群体约占40%，在自然状态下，人际关系的总体风尚会是恶的时期大于善的时期，善的社会风尚常有"昙花一现"之秀，这种"存在的就是合理的"是人性善恶比重中的一种自然反映。

人的整体是一个善恶的综合体，具有人的本质的二维性。从人的整体角度上看，人际关系在自然状态下始终是以善、恶为特征，以"四大自然法则"为生存状态的关系。面对这种状态，人如果不能变得理性起来，不给予恒定的外部压力来处理人际关系，而总是在善恶方向上进行取舍，那么，人际关系就逃脱不了这种命运的自发安排，当这种人际关系由人的个体过渡到群体时，整个社会就会动荡不安，特别是当利益集团之间有了矛盾凸现，阶级斗争就会成为一种自发的力量和选择。

人性善恶产生于人的原始生物属性，人际关系就始终带有这种属性的识别。人的体质属性包含了人的食欲、眠欲、性欲。食欲上，一个人有了自身的需要，还要去占有他人的需要；眠欲上，一个人有了应有的享受，还要去占有他人的享受；性欲上，一个人有了自己的喜爱，还要去占有他人的喜爱，那么这个人就是恶的，程度上至少也是偏恶的。在体质属性中，有三种类型的人特别值得一提：一类是私心极重的人，这类人想事行事从不考虑他人的利益，一切都是为了自己；一类是胆大妄为的人，这类人在成败面前不论是非，不计后果，只要成功就是老大；一类是狡猾奸诈的人，这类人为达目的，不择手段，明里暗里损人利己。这些类型的人属于人际关系中的至恶人群，虽人人敬而远之，但也奈他不何，他们虽然不会一赢到底，但在一定的时段内总是赢的。如果本人结局尚好，那么，代际上的因果期效法则就会应运而生，按中国民间的说法就是做尽坏事的人后代都不会有好报。

人的感情属性包含了人的亲情、友情、爱情。对待亲人，他不舍不弃；对待朋友，他能够付出；对待外部世界，他有一片爱心，特别是对待公益事业表现出一定的热情，那么，这个人在人际关系中就是善的，程度上至少也是偏善的。在感情属性中，有三种类型的人特别值得一提，一类是善而怯懦的人，这类人如果生活在底层社会，最为艰难困苦而又不事声张，精神上总是受到外部的巨大压力，虽有他人同情，但也不愿意把自己的痛苦吐露出去；一类是善而正直的人，这类人往往不能自救而总是想着去救人，风口浪尖，仗义执言，路见不平，挺身而出，也就最容易受到"恶"的攻击；一类是善而求真的人，这类人追求真理，向往正义事业，敢于牺牲自己，是"好人命短"的践行者，战争年代，艰难岁月，他们总是走在前面。这种类型的人属于人际关系中的至善人群，虽有口碑，但往往也是身后事居多，生前则默默无闻，按中国民间的说法就是为善一生，荫及后人。

人的智力属性包含了人的认知能力、模仿能力、创新能力，人的这一属性不产生人性善恶，但对人性善恶有着驾驭力，这种驾驭力与人的理性相比较，表现在人的临场行为方式上，这在《人性的金字塔结构》一章中已有论证。一个人在认知能力方面如果总是以善的心态去接受事物，在模仿能力方面如果总是以善的方式去观察事物，那么他在人际关系中就是善的，程度上至少也是偏善的，反之则是恶的。在创新能力上，那些愿意为人类的进步事业寻找答案，做出不懈努力的人，特别是思想家、科学家以及致力于创造、发明的普通人，在人际关系中都是善的，程度上至少也是偏善的。在创新能力上剽窃他人成果，或以种种理由介入别人成果、窃取名分的人，在人际关系中都是恶的，程度上至少也是偏恶的。

智力成果涉及自然科学和社会科学，其成果的本身没有善恶之分，不管它对人类有益或是有害，比如克隆技术、转基因技术以及核裂变技术等，人们通过对这些技术的获取，主要是掌握其中的原理，以备人类社会不时之用。在科学技术领域里，特别是原创研究，要耗费的精力巨大，也就对人性本恶的人引力不大，那么沉积在科技前沿的工作者，一般都是善的，如果有团队，则不排除恶在其中。团队是人的整体的一般性单位，人的整体是一个善恶的综合体，在这个综合体内不能完全把本善或者本恶的人排除在外，这是由人的整体本质的二维性原理决定的，有的只是善恶在其中的比例大小不同，这就有了科技团队内部人际关系的善恶之分。

人际关系如果以一个人的品行为对象，那么，人性善恶又是怎样表现的呢？回答这一问题其实并不难。只要有一定生活阅历的人心里都有一笔账，他们只是不愿意过多地提及而已，相忍与共是人们生活中的一种生存方式，也是构成人的整体是一个善恶综合体的现实基础。但有几种情况不妨一提：在一个团队里，有意陷害他人的人是至恶之人，利用他人的人是偏恶之人，谦让他人的人是偏善之人，多为他人着想的人是至善之人。在利益面前，想独霸的是至恶之人，想多占的是偏恶之人，想平分的是偏善之人，愿拿最后一份的是至善之人。在荣誉面前，透过夺赏的是至恶之人，拔功邀赏的是偏恶之人，功成不居的是偏善之人，推功揽过的是至善之人。在仕途上，打击报复或踩着别人晋升的是至恶之人，不当谋位的是偏恶之人，靠实干迁升的是偏善之人，吃苦在前的是至善之人。在生死面前，把别人推到台前的是至恶之人，能避则避的是偏恶之人，相互搀扶的是偏善之人，把生命让给别人的是至善之人。在正直为人方面则显得稍微复杂一些，这其中本善的人要多于本恶的人，本恶之人中的正直人则主要集中在偏恶的人群里，表现为对社会事物公平正义的主张上，但面对自身利益的得失则难以坚守。本善之人中的正直人则不管是对社会事物还是对自身的利益，都有一颗正直的心。除此之外，就是以理性为重的人，这类人在团队之中能平等待人，在利益面前能按劳取酬，在荣誉面前能凭功认赏，在仕途之中能为政有度，在生死面前能分清轻重。以理性为重的人一般在偏善偏恶的人群之中，只是他们的理性修养程度较高，看问题看得较远而已。至恶、至善的人理性一般偏轻，如果又缺少外部压力，那么按本性办事就是他们的通常表现。

　　人际关系产生于人的活动，人的活动在行为上表现人的本质有三种情形，这在《人性的金字塔结构》一章中已有论证，即人的行为直接表达人的本质，是一种自发状态；人的行为通过人的理性表达人的本质，是一种正常状态；人的行为在外部环境压力下表达人的本质，是一种异常状态，或者伪善，或者伪恶。但不管这三种行为在人的一生中如何交替，作为人的个体，总有表现自发状态的时候，这种自发状态就是辨别人性善恶的最佳时机。刑事案件中有个劳荣枝，网上说她是"女魔头"，她先后参与谋杀七人，若无其事从不害怕，改头换面又过平常人生活，好像前面的事情从未发生过。从其申辩的情形看，她把责任一推了之，镇定自若，毫无悔罪之意，这是她的本质在起作用。人在自发表达本质时是不知道自己错在哪里的，即便这个人作恶多端。

　　人的行为的自发状态由人的血肉之躯发出，不可避免，类似于人的动物本能的"无条件反射"，有了这种反射，就有了人对外部事物的某种不加思考的瞬间反应。人与人生活在一起，时间越久，就越能接触到这种自发状态而体验出某人的本质，特别是在人的理性尚未成熟或者退化阶段，人的个体本质的自发状态更为突出。

理性尚未成熟阶段集中体现在孩子身上，孩子的善恶也就较成年人更为分明和容易察觉。人对父母有没有良心，中国有句古话，叫作"孩儿看细时"。理性的退化阶段集中体现在老年人身上，年龄大了，记忆力、思考力下降，理性中的外部输入部分，即世界观对人生观的修正会逐步削弱，直至消失，加之自身理性的逐步弱化，人的本质的自发状态就会明显起来，越老越善，或者越老越恶就会成为一种常态。生活中出现老年人因感恩把遗产全部赠给保姆，或者老年人诬告扶持者的事件也就并不反常。一般来说，本恶的人在人际关系中的心态是善的欺，强的服，比他更恶的就去附和，也就有狼狈为奸的成语流传；本善的人在人际关系中的心态是能让则让，能退则退，但内心不服，欺人太甚就去拼，拼不赢也决不附和，也就有不畏强权的成语流传。善恶之间在人际关系中有一道红线：同情弱者，一般人性本善，附庸强势，一般人性本恶。就国家关系而言，扶助弱国，一般倡导人性本善观，恃强而行，一般倡导人性本恶观。

现实生活中有一种比较流行的观点，就是"人都是自私的"，这种观点最早源于人们对人的动物性认识，并且逐步演化成人性本恶观的依据，但为什么会得到人性本善群体的认同呢？仔细分析起来，有两层含义可以理解，一层是"自利"，一层是"自保"。对于本恶的人来说，自私就是自利，对于本善的人来说，自私就是自保。"自利"是本恶人生存的固守，"自保"是本善人生存的固守。自利的人总想赢，总想从别人那里得到点什么，自保的人总怕上当，总怕被别人拿走点什么，这就有了"人都是自私的"的社会认同。在人际关系中，自利的人表现为"占便宜"，自保的人表现为"小气"，有自利的人就有自保的人，这正如有人想得到东西就有人怕失去东西，"不怕贼来偷，就怕贼惦记"，自利和自保也就共同构成了自私。

自私是民间的一种心态，也是人在偏性上的一张名片，请客送礼最能体现这一点。一部分人想从中牟利，一部分人想收回成本，请客送礼也就开始恶性循环。当自利与自保同时表现在一个人身上的时候，那么这个人就是至恶的，他的行为一般表现为：自己的东西一分不想拿出去，别人的东西得到得越多越好，吃别人的大手大脚，别人吃他的一分不肯外流，这就有了不择手段。有些人搞经营，搞地产，赢了皆大欢喜，亏了卷款就走，无不都是至恶之人。也就是说，当只赚不赔成为某些行业的一种普遍心态的时候，那么，这个行业就是恶人当道的时候。

这里需要提醒的是：与偏恶的人相比较，至恶的人一般不会去"占便宜"，他们会寻求利益最大化；与偏善的人相比较，至善的人一般不会"小气"，无私奉献是他们的基本特征。那么，处于这两个层次中间的人就是偏恶和偏善的人，这一人群约占人口比重的65%，所以，"人都是自私的"就有了社会认同的群体基础，而辨别自私人的善恶标准也就一目了然。在观念上，至恶、偏恶，偏善的人会认同自私，但至善的人不会认同，他们有着"帮助别人，快乐自己"的信念，有帮人帮到穷困潦倒的时候。当社会把至善的人树为标兵时候，多数人都会为他们的事迹而感动，但都不会依样而行，其原理也就在这里。面对自私，如果你总是愤愤不平，那么你就会活得很累，就不知道在人际关系中，本善的人有本善的生存方式，本恶的人有本恶的生存方式。

种族歧视是人类社会的一种现象，各个地域或多或少都有存在，美国社会"黑白"之间尤为突出。黑人早期被掠夺到美洲，受尽欺凌压迫而沦落为纯粹的劳动工具，随着社会文明的进步，他们逐步融入了正常社会，但其父辈们对白人的负面印象并没有在后代们心中完全消失，这就有了情结上的对立，而在这一过程中，黑人从底层社会走来又不免会带有一些不良的生活方式和行为习气，这就使得现代文明中的黑人白人在人际关系上有了某种相处的难度，久而久之，就形成了一方对另一方的某种不满，进而演变成为对整个族群的不满。在现实生活中，任何一个民族如果总是有意无意地把自己的不良行为和生活习气（包括坑蒙拐骗、假冒伪劣、行贿受贿等）带给另一个民族的时候，那么，另一个民族就会产生一种本能上的反感，进而产生对这个民族的负面认同，种族歧视就会随之而来，种族歧视说白了也是人际关系上出了问题。

人际关系虽然是人性善恶的恒定表现场所，但不管人性善恶在人际关系中怎么表现，包括种族歧视，只要作为"中介轮"的道德和法律发挥着作用，人际关系就能够正常运转。道德和法律的作用越大，人际关系矛盾就越小；道德和法律作用越小，人际关系矛盾就越大。当道德和法律失之偏颇时，又会出现另外两种情况：只讲法律不讲道德，社会就会变得人人自危而"伪善"起来；只讲道德不讲法律，社会就会变得随心所欲而"伪恶"起来。"伪善"是本恶之人在人际关系中把恶的那一面掩盖起来，装得很"善"的样子，这时候他所展现出的不是他本人的本质，而是别人即本善人的本质，需要注意的是，这种别人的本质也是人的本质，或者说就人的整体而言是人的本质的二维性表现，全社会就会出现"善"的一面；"伪恶"是本善之人在人际关系中把善的那一面掩盖起来，装得很"恶"的样子，他展现出的同样不是他本人的本质，而是别人即本恶人的本质，这种别人的本质同样也是人的本质，或者说就人的整体而言是人的本质的二维性表现，全社会就会出现"恶"的一面。

在"伪善"的环境里，本恶人的行为会大大收敛，至少不会公开嚣张、欺诈和横行。在"伪恶"的环境里，本善的人也会不善，好人好事非常难得，但这些"不善"往往是本善的人用来维护自己正当权益的表现，会有"不当防卫"的现象。在"伪善"的人际关系里，人们谨言慎行，生怕越过雷池，影响的是人的自由。在"伪恶"的人际关系里，人与人之间难以相处而互相猜忌诿过，生活矛盾很多，公共事务无人去做，道德错位，法律的执行力非常脆弱。"伪善""伪恶"的人际关系在已有的人类社会历史过程中并不罕见。

人际关系既不能"伪恶"，也不能"伪善"，经过道德和法律分别调节的人际关系，就能走向人类理性的通途，看清这一点对于每一个人每一民族都至关重要，就能够在人际关系中，明是非、讲正气而成为真正自主的人、自由的人。

第六章 人性之本与人类社会进步的机理

辩证唯物主义认为，社会进步是生产力和生产关系对立统一即矛盾运动的结果。生产力是"人类改造自然的能力"，它有三个要素，即劳动力、劳动工具和劳动对象；生产关系是物质资料生产过程中人们所结成的社会关系，它包括生产资料所有制形式、产品分配方式、人们在生产中的地位等。当生产关系阻碍生产力发展的时候，生产力就会推动生产关系的变革，进而导致社会形态的变革，这种社会形态的变革就是社会进步。按辩证唯物主义的社会形态分类，社会进步到目前为止，已经经历和正在经历的有：原始社会、奴隶社会、封建社会、资本主义社会以及社会主义社会。

在生产力和生产关系的矛盾运动中，生产力是矛盾的主要方面和决定性因素，包括后来人们提出的科学技术是第一生产力等，都是对社会进步在动力源方面的探寻。但是，这些探寻有一个明显的问题，就是在社会进步中"人"到哪里去了。就生产力三要素而言，劳动力、劳动工具、劳动对象也都是物的形态，人虽在其中，但也只是作为劳动力即人的物化形态而存在的，这就让人感到很困惑，社会进步怎么都成了物的进步，"人"作为活生生的社会主体，即便是被边缘化也是不可想象的。就马克思主义哲学本身而言，世界也被分为客观世界和主观世界，物质世界和精神世界两个方面，这其中的主观世界和精神世界都是人的世界，为人所独有，相对于客观世界和物质世界，它占有整个世界的一半，这就需要对社会进步做出进一步的探寻。

人类社会进步螺旋式上升或者说是波浪式前进的曲线运动得到了千百年来历史事实的验证和人们的认定，"道路是曲折的，前途是光明的"也符合万事万物生长的生态原理。螺旋是一种人工产品，很规范；波浪是一种自然现象，有变化，用波浪来界定人类社会进步的曲线运动，应当更为合理。但就生产力与生产关系的矛盾运动而言，生产力始终是发展和前进着的，生产关系对生产力不外乎两种情况，落后的生产关系阻碍着生产力的发展；先进的生产关系促进着生产力的发展。那么，社会进步也会出现两种情形：在阻碍中倒退、停止、延缓；在促进中正常、顺利、加快。但这两种情形从逻辑上构图都不能形成社会进步波浪式前进的曲线运动，如果非要说它是曲线运动，无非就是对这两种情形做出的某种想象，以便于人们对事物的理解和把握。但想象不能代替逻辑，想象的本身也不是逻辑，所以社会进步波浪式前进的曲线运动用生产力与生产关系的矛盾运动来解释是不能成立的。马克思关于"否定之否定"即"扬弃"的原理，指的是事物进步的内涵而非形式，它包含了新的社会形态保留了旧的社会形态的某种合理部分，同时增加了新的内容，所以"否定之否定"的原理也不能解释为社会进步波浪式前进的曲线运动，但千百年来，社会进步又确确实实、毫无悬念地是波浪式前进的曲线运动，历史的验证和人们的认定并没有错，那么问题出在哪里呢？这就需要从新的途径上去寻找答案。或者说，人类社会进步波浪式前进的曲线运动到底是从何而来的？

一、社会进步曲线运动的形成

前面章节已有论证，人的概念有三个层次，即人的个体、人的整体、人类。人的本质在这三个层次上的意义是不同的，或者说既紧密联系又各自独立。人的个体本质非善即恶，没有中间状态，具有人的本质的一维性；人的整体本质是一个善恶的综合体，善恶兼备，具有人的本质的二维性；人类是一个理性体。人类是相对于动物类而提出来的，它的本质是人类的理性，人类的理性也是人的共同理性和人的共同本质，具有人的本质的三维性。人类社会进步就是在这三种本质的共同作用下实现的，是人类社会进步的全部机理所在。

这里以函数坐标图6.1来加以论证，设人为坐标的焦点O，人类为坐标的横轴线X，人的整体为坐标的纵轴线Y。在X轴线上，人类的本质就是人的共同理性，也是人类的理性，人类的理性在这一轴线上代表着人的前行方向。在Y轴线上，人的整体本质是一个善恶的综合体，人性善恶在这

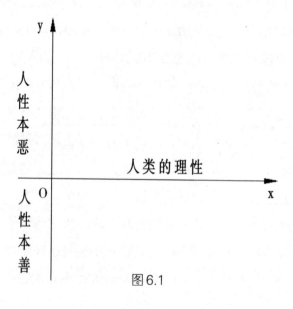

图6.1

一轴线上。由于人的整体是人的个体的整合，也就可以从个体上把人的整体分为人性本善和人性本恶两个部分，那么，以坐标的焦点O为界，Y轴线上部分为人性本恶（人性本恶产生于人的体质属性，人的体质属性作为人的生命本体具有优先地位），下部分为人性本善，这就进一步得出人的个体本质在这一轴线上的善恶分群。把这些内容分别标注在图形上就是人的全部本质的函数表达，即图6.1的样式。

在X轴线上，人类的理性始终牵引着人类社会前行。在这一方向上，按现有的社会形态分类，人类已经经历和正在经历的社会形态有原始社会、奴隶社会、封建社会、资本主义社会和社会主义社会，假设以相同的刻度为一个社会形态单位，那么人类社会进步有了5刻度个单位。在Y轴线上，人性本恶和人性本善在第二章又被分成四种基本形态，即偏恶、至恶；偏善、至善，假设它们具有相同的刻度单位，那么在这一轴线上，由O点向上延伸，人性由偏恶走向至恶；由O点向下延伸，人性由偏善走向至善，这就可以得出一个新的图形，即图6.2，这一图形就是人性善恶与

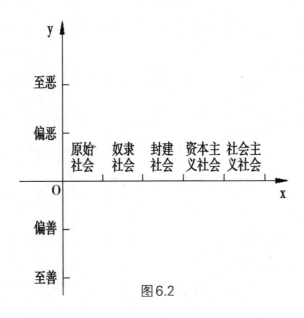

图6.2

社会进步的函数合成。

从图6.2中可以看出，人类社会如果只在X轴线上运动，那么就是从低级社会形态向高级社会形态的不断向前的直线运动；人类社会如果只在Y轴线上运动，那么就是一种从善到恶，又从恶回到善，即以善恶为振幅的上下运动，不管它的振幅有多大，频率有多快，永远都在原地徘徊。如果上述两种运动同时进行，那么，人类社会就是一种以人性善恶为振幅、以人类理性为前行方向的复合运动（图6.3），这种复合运动形成的曲线（S_1）就是人类社会进步波浪式前进的曲线运动，千百年来历史的验证和人们的认定并没有错，其原理就在这里。由于这种曲线运动涵盖了人的个体、人的整体和人类三个层次的本质，那么，人类社会进步的曲线运动就是人的全部本质运动，或者说，人的全部本质运动就是人类社会进步的曲线运动。它有三个层次的意义：一、人类社会进步是一种曲线运动，这种曲线运动由人性善恶和人类的理性共同构成；二、人类社会进步不管它的

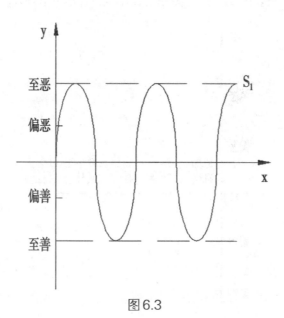

图6.3

振幅有多大，始终都受到人类理性的牵引而不至于总是在善恶方向上做零和振幅运动以至于在原地徘徊；三、人类社会进步是人的全部本质运动的必然结果和自然表达。

人类社会进步的振幅到底有多大呢？在图6.3的基础上，以至恶与至善为振幅画出一条曲线，以偏恶与偏善为振幅画出一条曲线，就会得到一个新的图形（图6.4），在这个图形中有两条不同曲度的曲线，一条就是以至恶与至善为振幅的曲线（S_2），它的曲度最大，曲线最长。在这条曲线上运动，人类社会进步就显得特别曲折和漫长。这条曲线体现的是人性善恶的极端，也是人类社会进步大波段运动的展示，一旦反转就是大波段的反转，预示着人类社会进步血与火的洗礼。另一条是以偏恶与偏善为振幅的曲线（S_3），它的曲度较小，曲线较平，在这条曲线上运动，人类社会进步就相应加快，往往也是人类社会进步比较平稳快速的时期，它涵盖

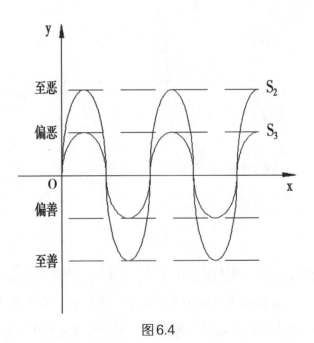

图6.4

了偏善偏恶的全部群体，反映出其中多数人对社会发展的基础性要求，是人类社会进步比较适中的状态。由于人类社会进步的多样性和复杂性，其实际运行是不能完全按照其中一条曲线进行的，而是在这两条曲线的基础上，有分有合，有舍有取，以至于相互衔接，互为补充而形成了一种新的运动方式，即图6.5。从这个新的图形中可以看出，曲线（S₄）是一条不规则的曲线，这条不规则的曲线就是人类社会进步"波浪式"前进更接近于实际的运动方式，它表明人类社会进步既有台风中的波浪，也有微风中的波浪，更有长风中的波浪，当然它的具体情况可能更为复杂，以至于变化万千也就很难用图形来加以完整描述。

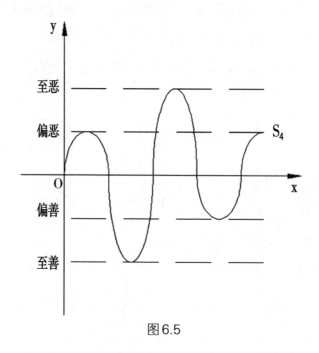

图6.5

从人类社会进步的函数图中可以得出，人的整体本质（包括个体本质）是造成人类社会进步起伏曲折的全部动因，人如果只在善恶方向上运动，那么人类社会进步就会永远在原地徘徊，因为有了人类本质即人类理性的存在，人类社会进步才得以实现，也就是说，人类理性是人类社会进步的全部动力和前行方向所在。

人的全部本质形成的过程是，人先有人的个体本质，后有人的整体本质，再有人类的本质，也就是说人类本质的形成滞后于人的个体本质和人的整体本质的形成，人类早期社会即原始社会为什么会经历特别漫长的历史过程，其原理也就在这里。那时候，人类的本质还处于从无到有的形成阶段，经过几万年、甚至几十万年的进化，人才有了自己的共同理性，有了道德和法律的起步，并在此基础上开始探索社会管理，经过母系氏族社会和父系氏族社会的努力，直到奴隶社会的形成才有了道德自觉和法律的强制约束力，这种自觉和约束力就是奴隶社会制度。奴隶社会制度是人类理性形成的初级阶段，人的动物属性十分强大而充满了暴力和血腥。但不管怎么样，人类毕竟有了自己的第一种成型的社会制度。

人类的理性在漫长的历史进程中从无到有逐步深化，大大推进了人类社会进步的速度。从奴隶社会到社会主义社会，以中国为例，大约经历了五千余年的时间，相比于原始社会数十万年，其经历的时间已大大缩短。当人类的理性逐步成为人们的自觉行为，即世界观逐步主导人生观的时候，那么未来社会的进步将是一个新的飞跃，但这种飞跃是否就成为一种直线运动呢？回答既有否定也有肯定。

根据《人性的金字塔结构》一章中的论证：人类的理性在现实上是以人的整体理性为基础，以人类理性的理论值为参照建立起来的，必然反映人性善恶的合理要求，这种合理要求存在于偏善偏恶的人群之中，他们是全部人群中的多数而成为社会意志的主流，假设这种合理要求为其中的80%，那么就会得出一个新的图形（图6.6）。

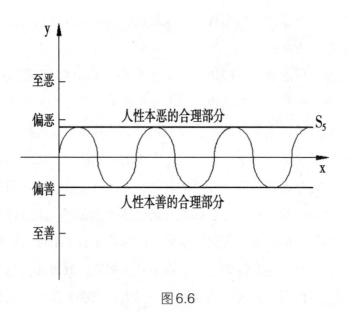

图6.6

从图中可能看出，人类社会进步即便是完全按照人类的理性方向运动，也有善恶上的振幅（只是这种振幅符合人类理性的要求而成为人类理性的合理组成部分），也会造成社会进步的曲线运动，只是这种曲线运动的振幅很小，并处于上下顶点形成的两条直线之间，这两条直线形成的通道就是人类社会前行的康庄大道。从内部看，这条康庄大道是一条具有一定振幅的曲线，从外部看，这条康庄大道是一条具有一定宽度的直线面，这条具有一定宽度并包含了一条曲线的直线面就是人类社会进步的直线运动，在这种直线运动中，人类社会进步就会加快并进入高速运动，如果把这种速度放在人类社会已经走过的路程上，以中华民族五千年的文明史为例，大约有一二千年就可以走完，这在《引言》中已经作了假设并在此给出回答。

二、社会进步的形态标志

人类社会进步按现有的社会形态分，它们之间的主要区别是社会制度的不同，社会制度也就成为社会形态的基本标志。如果按社会治理顶层或治理主体分，那么社会形态又是怎样的呢？从已有的历史过程和记载观察，应该是氏族部落社会、首领城邦社会、家族皇权社会和党派执政社会。人类社会到目前为止，比较先进的还是党派执政社会，它包括资本主义社会和社会主义社会。

氏族部落社会是原始社会的成熟形式，那时候，国家尚未形成，社会治理方式也不完整。它的早期形式为母系氏族社会，母系氏族社会解体以后，随之而来的是父系氏族社会，并在这一基础上逐步演化出氏族部落社会。氏族部落社会是氏族社会的血缘扩展，具有了他氏的兼容性，成为氏族社会的有组织形式。在氏族部落社会中，"长老会"成为这一时期的政权形式，长辈意志是社会行动的纲领，早期人类几次大的迁徙都是在长辈意志下完成的，"长辈意志"也就顺理成章地成为这一时期的社会标志。

首领城邦社会在氏族部落社会后期形成，成熟于奴隶社会。当战争中的俘虏成了部落中的第一批奴隶的时候，带兵上阵的首领地位就开始提高，随着部落中强势群体的崛起，部落内部成员逐步沦为奴隶，首领城邦社会也就正式从氏族部落社会中脱胎出来，形成了人类历史上第一个以城邦为国家形式的政权。在冷兵器时期，首领主要凭借个人气力征服众人，取得统治地位，流传至今的各民族"英雄史诗"大致出自这一时期。以"个人气力"为特征、赢得众人信赖，并随意剥夺他人人身自由而实现对城邦的统治成为这一时期的社会标志。过去的首领一般都有强健的体魄、超人的力量和勇猛的胆气，如同动物中的头领，谁的力气大，谁的暴力强，谁勇猛向前，谁就能统治其他成员，这就使得首领城邦社会内部政权变更频繁，暴力成为城邦的主要统治手段，奴隶沦落为生产工具和杀戮的对象，甚至出现了以奴隶决斗为娱乐的古罗马斗技场。

封建社会产生以后，皇权统治了社会的一切领域，皇权是一种以家庭为单元，以家族为格局的社会统治形式，这一时期在治理顶层上就是家族皇权治理社会，家族皇权治理社会涵盖了封建社会的全过程。国家权力和地位的取得在律法上实行父承子袭，"家族世袭"成了这一时期的社会标志。国家虽然有人才渴求和选拔机制，但皇帝是不能选举让贤的。皇帝的子女再无能，臣子再聪明也不能坐上皇帝的宝座。一朝皇权被推翻，另一朝皇权又照旧世袭下去，不管是农民取得天下，还是贵族取得天下，其结果都是一样的。

资本主义社会早于社会主义社会形成，拥有强大资本力量的人群统治着社会，但这些人群所形成的团体在国家政权的取得上有了党派之争，实现了选举执政。党派的产生也为无产阶级革命理论的诞生奠定了社会组织基础，使社会主义社会的建立成为可能。不管是资本主义社会还是社会主义社会，不管选举方式怎样（包括直接选举和间接选举），这一时期都是党派执政的社会，党派执政社会以他们宣扬的"社会主张"为旗帜赢得民心、获取政权，"社会主张"成为这一时期的社会标志。

人类社会发展到了今天，仍然是多种社会形态的共存，如非洲的部落社会仍然在延续；皇权在有的国家是名义，在有的国家还是实体，当然它们的治理方式已大大改善；资本主义与社会主义也没有平分秋色，目前以前者实施的国家居多。从社会形态的共存现象看，社会进步在地域上也参差不齐。但不管怎么样，氏族部落社会、首领城邦社会、家族皇权社会和党派执政社会其形态基本标志都是确定的，它们分别是"长辈意志""个人气力""家族世袭"和"社会主张"。

"长辈意志"是人在蒙昧状态下自然服从的产物，带有宗教开源的色彩。人从远古走来，要战胜大自然对生存的一切考验，长辈们的经验成了他们唯一的选择，长辈们被推上社会治理的舞台也就成为必然。宗教从内部看是人的情感归宿和依托，这在《人性的四大自然法则》一章中已有论证，从外部看应该首先形成于人对祖先的崇拜，也就是人对人的崇拜，中国民间有很多的神都是人，体现的就是这一特征，至于人对超自然力量的崇拜所形成的图腾应该是社会运行过程中的一种衍生现象。人们崇拜祖先，"长辈意志"就至高无上。"长辈意志"下的社会治理解决的是早期人类的生存问题，有了所谓的原始共产主义社会，这种平均分配、抱团取暖的形式，是人能够走在所有动物前面的一条重要途径。

"个人气力"来源于人的体质属性，从人性善恶产生的原理上讲，表现出的是人性本恶的一面，这在《人性的金字塔结构》一章已有阐述。人的体质属性是人的动物本体，这种本体为人与动物所共有，这就表明以"个人气力"为标志的首领城邦社会是人的动物属性的反映，或者说这种社会治理方式还停留在人的动物属性阶段，当然也就非常暴力。首领城邦社会涵盖了整个奴隶社会，以暴力实施社会统治成为首领"个人气力"的展示，这种统治对人本身来说十分残酷，但它是人类社会治理方式去动物化过程中的一个必然阶段，也是原始共产主义社会向阶级社会大波段运动的开始。

"家族世袭"是一种家庭传承，延续下去就是家族传承。在一个家庭中，人有了感情的纽带。在感情的世界里，人从里往外走，依次是亲情、友情和爱情，是人的感情属性的展示。亲情、友情为人与动物所共有，人只是比动物的层次更高一些，爱情即人对外部世界的人文关怀，为人所独有，是人与动物两大重要的分水岭之一；人的感情属性产生人性本善，这在《人性的金字塔结构》和《金字塔结构的基石及内在涵量》中已有论证。那么，以"家庭世袭"为标志的家族皇权社会治理方式既有人的动物属性，也有了人的特有属性，兼备了人性本善的一面，它与以"个人气力"为标志的社会治理方式相比较，是一种巨大的进步，皇权也就有它兼善的一面，包括它的社会制度的制定和社会意识形态的倡导，就当时人们的认识水准而言有其相当积极的成分，中国封建社会以儒学为代表的社会意识形态时至今日仍然能够为华人所认可，其原理也就在这里。孔子倡导人性本善，也适应于家族皇权治理这一社会形态，孔子思想始终占有中国封建社会的主导地位也就不难理解，国泰民安的景象也时断时续地出现在这一历史时期。

"社会主张"是人的理想的表达，理想来源于人的创造能力，这一点在《人性的四大自然法则》一章中进行了论证。在人的智力属性中，人的创造能力与人文关怀一样为人所独有，是人与动物的两大重要分水岭之一。在这一分水岭上，人产生的理想也就为人所独有，以"社会主张"为标志的党派执政的社会治理方式在形式上也就会逐步告别人的动物属性，进入了人类社会发展的崭新时期。但这一时期的问题也就出在"社会主张"上。理想是人在创新事物的过程中产生的美好向往，是人对未来世界的勾勒和展望，这就决定了理想既有现实的成分，也有想象的成分；既有合理的成分，也有不合理的成分，理想的东西也就不一定能在现实生活中完全实现。这样一来，以"社会主张"为标志的党派治理社会本身也就充满了自身难以克服的矛盾，这种矛盾归根结底就是理想与现实的矛盾，所谓生产力和生产关系的矛盾，从人的根源上看，也是理想与现实的矛盾，准确地说，是理想与现实矛盾的外化形式，或者说是物化形式。人类社会进步发展到了理想与现实的矛盾阶段，矛盾的性质也就一目了然，只要整个社会形成共识，这种由党派自身难以克服的矛盾也能够解决。正因为有这一点，以"社会主张"为标志的党派治理社会出现一二百年来，从工业革命到信息产业化，社会发展速度十分惊人。

社会形态从治理顶层或治理主体上分，在经历了氏族部落社会、首领城邦社会、家族皇权社会和党派执政社会（包括资本主义社会、社会主义社会）之后，那么接下来的社会形态又该是怎样的呢？在《金字塔结构的基石及内在涵量》一章中已有阐述，就是人文社会的到来，人文社会以人类的理性为标志，治理着整个社会，这种治理当然也包含社会主义社会的治理经验和共产主义社会的合理构建。"理性"与"理想"虽然只有一字之差，但它们的来源各不相同。理想来源于人的创造能力，而理性则是人的三种原始生物属性在人的本质参与下共同作用的结果，包含了人性善恶的合理成分。人们可以在理想中变得理性，但不能在理性中变得理想，理性也就能够排除理想中产生的"社会主张"本身带来的矛盾。可以推论，以"社会主张"为标志的"党派"治理社会在支持相当长的一段历史时期后，将逐步为人类的理性社会即人文社会所替代。人类理性的内涵是真理，外延是民主（这在前面章节已有论证），一个追求真理、讲究民主的社会诞生于地球的时候，人类就会走向一条波幅很小的"康庄大道"，人类社会的进步就接近于一条直线运动。

与现有社会走过和正在走过的五个阶段相呼应，人文社会的到来也将走过五个以上阶段，来完成它在生态地球需要走完的全部里程，这五个以上的阶段是怎样的呢？里程有多长呢？当然只有未来去回答，但有一点是可以肯定的，就是人类在地球无法生存以前，一定会达到一个新的栖身地，那时候就算完成了人类社会进步在地球的全部进程。所谓"人间正道是沧桑"既表明人类社会进步时间跨度的巨大变迁，也表明人类社会进步空间距离的巨大变迁。对于人文社会的景象，将在《人性之本与社会治理》一章中进一步中阐述。

把社会形态按治理顶层或治理主体分为氏族部落社会、首领城邦社

会、家族皇权社会、党派执政社会，包括后面的人文社会，并区分出它们
社会形态的基本标志，并不是想否定现有的社会形态分类，而是想通过这
种分类，进一步看清以人为中心的社会进步的脚印，树立社会进步就是人
的进步的理念，并且能够进一步看清未来社会进步的基本趋势。

人类社会进入了党派治理社会，其以"社会主张"赢得民心，获取政
权的形式，标志着民主社会初级阶段的开启，但也仅仅是初级阶段的开
启，为什么这样说呢？以西方社会为例，民选的结果是三权分立形成的权
力制衡，这种制衡在很大程度上又埋下了扯皮的阴影，这显然不是民主社
会的完善形式。由于党派之间各有目标，各有主张，竞选的时候是一套，
面对现实的时候又是一套，社会对这种民主也就缺乏信心，选民参与的热
情就会走低，民主就会陷入旋涡之中。

三、人民创造历史的指向

在人类社会的进步中，人的个体在其中起了多大的作用呢？回答这一
问题就涉及哲学界长期争论的一个焦点，即人民创造历史还是英雄创造历
史。从社会进步曲线运动的图中可以清楚地看到，社会进步是人性善恶和
人类理性共同作用的产物。人的个体只是人的整体中很小的一分子，任何
人都不能实现社会进步的曲线运动。这就说明，不管是什么人，什么地
方，什么时期，能力有多大，个人都不能创造历史。

在现实生活中有一种现象值得关注，就是在一定的历史关口，有些人
确实发挥了关键作用而被人们公认为英雄，包括伟人和领袖。那么怎样看
待英雄的这种关键作用呢？"英雄史观"是否存在着一定的合理性呢？回
答这一问题其实并不难。英雄人物一般都有相应的社会地位，处于某种关
键的位置，正是这种关键位置促成了他的关键作用。人处在某种组织或者

团体中的位置，是一种社会分工，社会分工使人的个体在社会进步中发挥了不同的作用，这就使得某些个人本身就具备了某种优势。

社会分工有两种形式，一种是自然分工，一种是组织分工。英雄人物一般是自然分工的结果。他们在某个方面具备了某种独到的能力并被人们所公认，就会自然被推到某个位置上来，有勇气的上前线作战，善谋略的在后面指挥，会管理的去兴办实业，懂技术的去规划设计，爱科学的去创造发明，等等。如果每一个人都在不同的位置上尽了力，就会形成一种合力，有了这种合力，就有了社会进步的动力，而并非某种关键作用的单一结果。

社会分工（包括自然分工和组织分工）是一种很神奇的现象，任何大的事情都靠这种分工来完成，如同制造一只船，如果只有图纸，没有人去施工，那么就是空想；如果只有人去施工，没有图纸，那么不是劣品就是枉品。分工的自然根据是人的能力，恰到好处的分工组成的社会协作是一种巨大的力量，在这种巨大力量背后，是不是人民创造了历史呢？这里有四层意义需要加以区分。

第一层意义，即人民如果作为一个集合概念来对待，那么人民就是具体人的组成，又可分解为每一个人。要知道，任何人的个体不管英雄与否，都不能创造历史，那么人民在这种意义下是不能创造历史的。如果非要说能，那么每一个人就有可能创造历史，英雄作为人民中的一分子，也就在这种可能中，这是一种反证法，也是一种证伪，包括"人民创造了历史也包含了英雄创造历史"的说法，也就是说，人民在这种集合概念下是不能创造历史的。

第二层意义是，人民如果作为人的整体概念来对待，那么在《人性的金字塔结构》一章中对人的整体已经作了阐述，即人的整体就是把所有的个体当作一个整体或一个人来看待，在这个整体中，人性是一个善恶的综合体，也就不能再区分出人的个体，当然也包括个体中的英雄。人的整体能够形成统一意志，这种统一意志在现实上是人类理性形成的某种临界状态或者一种过渡。在这种统一意志下，人民是有可能创造历史的，通俗地说，就是"人心齐，泰山移"。

第三层意义是，人民如果指的是人类，那么人类也不能创造历史。人类作为一个有别于动物类而提出来的概念，是一个完全的理性体，其理论值代表人类社会前行的方向，是人类理性现实值的一种参照，是一种不包含任何曲线运动的直线运动（这在前面的章节中已有论证），而这种运动在人类历史的任何进程中都是不存在的，或者说只是一种虚拟的理想状态。

第四层意义是，人民如果作为人的全部概念来对待，即人民包含了人的个体、人的整体和人类，或者说人民指的就是人，那么"人民"就完全有能力创造历史，人类历史本身也是人创造的。前面已经论证，人类社会进步始终是人的全部本质共同作用的结果，是人的个体本质、人的整体本质和人类本质相互作用形成的一种曲线运动，人类历史就是这种曲线运动的产物。人民只有在"人"这种特指下，创造历史才具备它的完整意义。"人民，只有人民，才是创造世界历史的动力"，指的是推动历史的动力而非历史本身，所以不能把这句话替代为人民创造了历史，历史永远都是人创造的，或者说人创造了人类历史。

四、战争对人性善恶的清洗

在社会进步的历史进程中，战争伴随着人类前行。《加拿大军事杂志》报告称，自公元前3600年至今，世界上共发生过14530多次战争，平均每20年中只有1年是太平年，有19年处于战乱。近代史上，第一次世界大战就有30多个国家和地区、15亿人口卷入战乱，战争所致的伤亡人数达到3000多万；第二次世界大战又上升到了61个国家和地区、20多亿人口卷入战乱，参战兵力超过1亿人，大约有9000万士兵和平民伤亡。对于战争及根源的认识，历史上存在着不同的解释。

自然学派认为，战争源于自然环境和人的生物本性，是一种自然和永恒的现象；宗教战争论认为，战争是上帝对人的惩罚，并用超自然力量解释战争的起因；种族主义者认为，战争起因于优劣民族之间的差别；地缘主义学者认为，战争是基于一定的地理环境，由生存空间和自然资源的争夺而引起；马尔萨斯主义则认为人口过剩和饥饿是战争的真正原因；历史唯物主义认为，战争既非从来就有，也不是永恒存在，战争是社会生产力和生产关系发展到一定阶段的产物，是私有制产生以后，随着阶级和国家的形成，有了压迫和被压迫时才出现的，战争双方有正义和非正义之分。

战争在给人类带来巨大灾难的同时，也对人类社会发展起到了不可忽视的作用。有研究者认为：古代部落战争促进了民族的融合和国家的形成，也是民族大迁徙的直接原因；不同民族之间的战争，使民族独立和新生国家的诞生成为可能；政治集团之间的战争，实现了政权更迭和政治更新；国家之间的战争完成了资源的重新分配；宗教战争引发了精神信仰的分化和重组；等等①。

从前面的函数论证中可以知道，人类社会进步是一种波浪式前进的曲线运动，这种曲线运动包含着人性善恶和人类理性的共同作用，是人的全部本质运动的结果。人类社会进步的曲线由下向上运动，是人类社会进步由善向恶的运动，由上向下运动，是人类社会由恶向善的运动。当人类社会处于一个恶的高点或者一个善的高点时，人们就有一种改变现状的强烈

①董国政.“人类战争的功用”看过来［J］.经济观察报，2022-5-17.

愿望，这样一来，战争就成为最快捷、最有效的选择方式。人类社会进步曲线运动中每一个大波段的完成，即人类社会形态的根本转变都是通过战争实现的，同时，在这些曲线的各个阶段上也缀满了战争的节点。通过战争实现的社会进步，使人性善恶得到了一次大的清洗，人的认识得到了一次大的提高，理性的成果也就更为突出，或者说战争最终解决的还是人的自身问题。

战争的类型很多，规模大小不同，自热兵器出现以来，人类经历了两次世界大战。从战争的规模看，第一次世界大战还只是世界大战的预演，第二次世界大战才是真正的世界大战。战争的策源地一个是欧洲的德国，一个是亚洲的日本。尽管这场战争的起因和背景比较复杂，但作为德国和日本这两个轴心国，都有一种基本想法，就是想通过战争瓜分世界。

希特勒集团在泛日耳曼民族血统论的狂热中，实施了种族灭绝政策。日本军国主义则在"大和民族不可战胜"的神话中，以非杀他就自杀的武道士精神，去建立一个"大东亚共荣圈"。这些民族在这一时期已经处于人性本恶的极度狂热之中，战争已经成为国民的必然选择和自觉行为。战争的另一方，早期则采取绥靖、躲避和忍让的政策，这些政策在行为上有善的倾向。战争的结果是：行恶的一方迅速败落，行善的一方从教训中崛起。

人类的理性成果在第二次世界大战中得到了较快汇集：世界成立了联合国组织，制定了《联合国宪章》和一系列陆续面世的国际公约。《联合国宪章》明确宣誓，它的宗旨就是"维护国际和平与安全""制止侵略行为""发展国际间以尊重各国人民平等权利、自决原则为基础的友好关系"，以及"促成国际合作"，确立了会员国必须遵循的原则，包括主权平等、和平方式解决国际争端、不得对他国进行武力威胁或使用武力以及不得干涉各国内政等，特别是1998年7月联合国相关会议通过的《国际刑事法院罗马规约》，明确规定了灭绝种族罪、危害人类罪、战争罪和侵略罪，使这些有史以来难以作为罪行追究的集团行为有了定论。这些成果的取得，标志着人类社会向理性的方向迈出了一大步，但相比人类社会的全部进程，这一大步还只是一个节点。

国家不断更新武器装备，最先进的高科技成果首先用于军事工业，为的就是战争，只要人性善恶的极端得不到清洗，战争就不可避免。人类社会的任何斗争，追溯到本源上都是善恶之争，战争作为一种极端形式和工具，随时都会被启动。世界自高性能热兵器出现以来，都不是用来对付动物和自然灾害，而是为了人与人之间的争斗，这种争斗由人性善恶演化成正义与非正义之争，也就有了它的历史正当性。

在任何民族战争中，不管入侵者的理由多么堂皇，大多都会以失败而告终。这时候反抗的一方，不管是人性本恶还是人性本善，都会找到一面共同的旗帜，就是保家卫国，这就有了正义的产生。当恶的力量与善的力量因正义而团结起来的时候，这个国家就会变得无比坚强，就会形成民族统一战线而凝聚无与伦比的力量，这就是民族战争反抗一方能够最终获得胜利而源于人性的根本动因，并因此使人民变得伟大起来。

战争是对人性善恶的自我清洗，这种清洗是指战争发动的一方受到了惩罚，战争接受的一方得到了教训，留给人们的认识是，人既不能过度为恶，也不能为善过度。至恶者伤天害理，至善者受人欺凌。当然人类社会进步曲线运动的振幅，从善恶斗争的全部过程看，战争只是其中的大小节点，远不能代替曲线运动的全部。同时，战争对人性善恶的清洗不是根除，而是通过极端的方式对不适应于人的生存部分的修复，逐步降低人性善恶的振幅，加快人类社会进步的进程，这就是战争留给人类历史的深远意义。

从战争与和平的全部过程看，战争怎样才能结束呢？两次世界大战的成果只是建立起了联合国组织，有了世界性宪章和国家交往的初步规矩，但这还远远不够。人类和平的终极目标就是建立起公平正义的世界秩序，但两次世界大战都没有从根本上解决好这一问题，只有当这一问题在世界范围内形成共识并为此努力，战争就到了逐步消失的时候。从人的本质上看，战争是人性善恶的极端表达，只要有人性善恶的存在，战争在自发状态下就不可避免，但人有理性，这是人与动物的本质区别，特别是人的理性在人类这个层次上是人的共同本质，唯有它的存在，战争才能避免。

五、阶级与人性之本

阶级从中国社会的派别之争上看，一方是想强化它，一方是想否定它，但不管是强化还是否定，阶级都是一定历史阶段的现实存在，主要问题是看人们应当怎样对待它，特别是在国家层面上应当怎样对待它。

阶级是从社会经济层面划分出来的利益集团。既然是集团，那么就具备人的整体本质的二维性。家庭是人的整体的最小单位，阶级就是人的整体的最大单位。在这个最大单位中，阶级的任何一方都是一个善恶的综合体，这就表明，由阶级产生出来的阶级斗争在形式上就不是善的群体与恶的群体的斗争，而是各自目标争取上的斗争。

阶级斗争引起人们的思考和研究，早在马克思主义产生以前就已经开始。当时法国和英国的一些资产阶级历史学家和经济学家就提出并阐述了阶级斗争的历史现状及发展，分析了各阶级的经济状况，认为阶级斗争是理解近代欧洲革命的钥匙，并按照收入来源把整个社会划分为依靠土地出租生活的土地占有者阶级、依靠工资生活的无产者阶级、依靠资本利润生活的资本家阶级，并且论证了这三大阶级在利益上的对立，马克思在他们理论的基础上，创立了阶级斗争和无产阶级继续革命的学说，得出了三条结论：（1）阶级的存在仅仅同生产发展的一定历史阶段相联系；（2）阶级斗争必然要导致无产阶级专政；（3）这个专政不过是达到消灭一切阶级和进入无阶级社会的过渡。

马克思所处的年代是资本主义社会原始积累阶段，空前的阶级压迫和剥削使广大农民失去了土地和家园，成为只能依靠出卖劳动力维持生活的被压迫阶层，这就使得以工人为主体的无产阶级底层社会集团得以形成。马克思在《资本论》中揭示出的剩余价值，不仅仅从理论上论证了利润的来源和剥削的产生，更重要的是在经济社会中第一次肯定了人的主体地位，即在社会生产的过程中，人的活的劳动才是产品增值的唯一源泉，在这一点上，马克思的剩余价值理论是一条颠扑不破的真理，任何派别势力都不能撼动它的地位。

马克思认为，阶级是在生产关系中处于不同地位的人群集团，其中一个集团由于占有生产资料而占有另一个集团的劳动，阶级斗争是这些集团在根本利益上发生的冲突。在阶级社会中，社会的基本矛盾即生产力与生产关系的矛盾必然表现为阶级矛盾，阶级斗争就成为阶级社会发展的直接动力。这就可以看出，阶级斗争的核心问题在马克思看来是根本利益问题。

什么是根本利益呢？从无产阶级"劳动"被占有的情况看，处于底层社会的阶级在出现生存危机时，不得不以斗争的方式加以争取，生存争取也就成为无产阶级的根本利益。现在的政治概念在根本利益的含义上变得越来越宽泛以至于模糊不清，这就需要正本清源。而斗争的另一方，有产阶级（或者说是生产资料占有者）需要维护的是既得利益和利益的最大化，这就有了阶级斗争在各自争取目标上的不同。无产阶级对根本利益的争取即生存争取，符合人类理性的基本要求，相对于既得利益和利益最大化就有了它的正当性，阶级斗争双方也就有了正义与非正义之分。前面已经阐述，战争有正义与非正义之分，阶级斗争也就与战争的性质趋于一致。战争是对人性善恶的清洗，阶级斗争同样也是对人性善恶的清洗。通过阶级斗争实现的目标，不管胜的是哪一方，既不是善的目标的实现，也不是恶的目标的实现，而是人类理性迈出的一大步，马克思得出的阶级斗争是人类社会进步的历史动力，其理论意义就在这里。

在资本主义社会中，阶级斗争对于无产阶级一方是一种生存争取，以生存为纽带的内部联系是不区分人性善恶的，也就能够最大限度地团结同类人群，加之斗争目标即人的生存争取又符合人类的理性要求，所以它的力量往往无与伦比，摧枯拉朽。对于有产阶级一方，斗争既是一种既得利益的维护，也是一种利益最大化的过程，以利益为纽带的内部联系同样不区分人性善恶，同样也能够最大限度地团结同类人群，只是这类人群与无产阶级一方相比较数量相对较少，但他们往往掌握着现有的国家政权，又拥有社会巨大财富而具备政治经济上的强力支撑，这就决定了斗争双方在力量构成上各有优势，斗争也就相当激烈，并且很容易演化成国家机器的重建和社会制度的改造，战争这种暴力形式也就成为一种不可避免的选择。

暴力在人的行为上是一种恶的表现，对于无产阶级的一方，这种"恶"又与理性目标即生存争取趋于一致，这就使得这种暴力有了它的正当性而得到理性的认可，无产阶级通过暴力夺取政权也就有了它的正当性，有产者阶级在这种暴力中失去财富就不可逆转，这就告诫人们在掘取财富时不要把手段推向人性的极端，否则就有永远被剥夺的危险。同时，阶级斗争的正当性也向无产阶级的领导集团提出了一种特殊要求，就是不管集团内部的个人在人性之本上是善是恶，都必须有良好的理性修养，都不得越过正义的底线。

阶级斗争的双方在各自集团的内部是一个善恶的综合体，也就导致了阶级斗争过程的复杂化，这种复杂化集中体现在人性善恶对阶级斗争的人为干预上，影响阶级斗争的全部进程，使阶级斗争显得异常复杂，甚至成为内讧的根源。太平天国运动不仅外部杀戮而且内部杀戮也很严重，看起来难以置信，其实就是人性善恶的内卷。起义时大家一致对外平定天下，一旦事成人性善恶就失去了凝聚的力量和方向，农民革命运动又缺少理论指导，自我放纵，分道扬镳也就在所难免。

在资本主义社会中，阶级斗争既然是无产阶级一方在根本利益即生存上的争取，那么当这种争取实现以后，阶级斗争也就失去了支撑的动力，斗争就会自然消失而进入和平重建时期，这是一种内在逻辑。但这种逻辑在社会主义国家诞生以后，并没有很快出现，而是表现得异常复杂，其中有两个问题值得一提，一个是失去利益的一方总是不愿意退出历史舞台而视机反扑，这就使得斗争出现反复，巴黎公社的失败、中国第一次土地革命的失败，包括中国古代农民运动的每一次失败都是血流成河的现实，旧势力惨无人道的杀戮，对无产阶级是一种不可释怀的教训，这种教训让新生政权不敢怠慢而放弃这种斗争。二是无产阶级继续革命的理论提出了一个庞大的社会构想，要实现这种社会构想，"无产阶级只有解放全人类，才能最后解放自己"，这就使得阶级斗争在很长一段时间内停不下来。

阶级斗争不是善的群体与恶的群体的斗争，阶级的内部是一个善恶的综合体，在这个综合体中，不管是有产者一方，还是无产者一方，都是由善恶两种人群构成的。恶的群体不管是在哪个阵营里，在自发状态下本质上总会行恶。对于有产者一方，至恶势力就会把剥削和压迫推到极限，以获取利益的最大化，包括以黑恶势力为纽带结成的利益团体，掠夺、欺诈、洗钱是他们的常用手段。虽然有产者一方多数不都是这样，但对于他们的财富积累是有利的，也就不会自觉地去反对，熟视无睹甚至借势而为。对于无产者一方，同样也有至恶势力，他们对于有产者的正当创业也是一种现实威胁，好吃懒做，坑蒙拐骗，为匪为盗不绝于底层社会，甚至一些作恶手段也是竭尽所能，无毒不有。这样无产者一方与有产者一方的矛盾就会加剧。面对这种矛盾，任何一方都无法从个体上去加以区分对待，那么最简便的办法就是由恨一个人变成恨一群人，久而久之就形成了两个集团的自然对立。也就是说，阶级斗争理清了、弄透了，根源都在人性本恶特别是人性至恶上，也就是说阶级斗争不是那个人想做不想做的问题，而是人的一种本质产物。

当整个无产者一方生存出现危机，生命被视为草芥的时候，阶级斗争的风暴就会随之而来。阶级斗争的风暴一旦来临，往往只有定性没有定量，即不管富人是否富得正当，财富多寡是否合理，都会在阶级斗争中崩溃，法国大革命和中国的土地革命就是例证。阶级斗争的风暴在最初的时刻是一种社会复仇而缺乏理性机制，对社会生产力就有了很大的破坏，但也为社会重建提供了机会。

阶级斗争中受到伤害最大的，不管是有产者一方，还是无产者一方，往往都是其中人性本善的群体，同时这些群体在伤害不到极端时又很容易谅解他人和社会，只有那些人性本恶特别是其中人性至恶的人群在吃了亏之后常常难以释怀，总是想寻找机会报复。至恶的人如果处在上层社会，你把整个世界给他，他都嫌少；如果处在底层社会，你养他一生，他都觉得不够。

代表有产者一方执政，如果比较理性，能够自觉地满足无产者一方的生存需要和适度提高，引导他们积极向上，那么社会改良就会成功；如果无视现实，宁愿"朱门酒肉臭，路有冻死骨"，也要采取高压手段维持现状，那么阶级斗争的暴力形式就难以避免。发达国家一般是前者做得较好，落后国家一般是后者出了问题。其实就国家与国家之间的对立而言，虽有社会制度的不同和眼前利益之争，但归根结底也是人性善恶之争。

社会改良，从源头上讲就是一个利益分配问题，为什么做起来就这么难？根子就在于人的一维性本质。人性偏恶的人总想利己，这就有了既得利益的固化；人性偏善的人总想自保，这就有了平均主义，加上至恶群体的利益最大化，至善群体的利益利他化，社会改良就难以进行。所谓江山易改，本性难移，难就难在这里。如果单从富人的角度上讲，他们本身也是从平民群体中走来的，但创业成功以后，一部分人就开始挤压平民的生存空间，如果得不到节制，那么矛盾就不可调和，社会改良就难以进行。

可以说，一个拥有巨大财富，又从不顾及财富来源正当性的人，必然有害于社会；一个善于创造财富，又懂得财富社会意义的人，必然有益于社会；一个胸怀改造世界，又很珍惜平民基本生存权的人，必然得到人民的拥戴。经事忘事的人是庸人，经事知事的人是能人，经事乱事的人是奸人，经事知理的人是伟人。

阶级斗争是经济社会运行到一定阶段的产物，更是人的一维性本质在经济运行中的必然反应。阶级斗争的双方既相互对立，又相互依存，由人的二维性本质所决定。在人的二维性本质中，人的整体是一个善恶的综合体，这个综合体无法分离，也无法消灭，要想维持这个综合体的平衡，唯一的力量就是人的理性，特别是人类的理性。人类的理性是人的共同本质，是人类社会进步永恒的牵引力。

第七章　国家在人性中的意义要素

　　"国家"一词在中国源于《周易》，"是以身安而国家可保也"，这时候的"国家"还是国与家两个不同概念的集合。秦汉统一后，强调"家国同构"，便有了"国家"的整体概念，后代学者又为国家给出了很多定义。广义上的国家一般是指拥有共同语言、文化、种族或者历史的社会群体，这一概念没有划分地域界线。狭义上的国家是指一定范围内的人群所形成的共同体形式，这一概念偏重于国家的组织形式。传统社会学把国家定义为被人民、文化、语言、地理区别出来的领土，这一概念基本反映了现代国家的实际面貌。

　　恩格斯在《家庭、私有制和国家的起源》一书中用阶级分析的方法对国家的起源进行了探讨，认为："这个社会陷入了不可解决的自我矛盾，分裂为不可调和的对立面而又无力摆脱这些对立面。而为了使这些对立面，这些经济利益互相冲突的阶级，不致在无谓的斗争中把自己和社会消灭，就需要有一种表面上驾于社会之上的力量，这种力量应当缓和冲突，把冲突保持在'秩序'的范围内；这种从社会中产生但又自居于社会之上并且日益同社会脱离的力量，就是国家。"①国家是阶级矛盾不可调和的产物，是经济上占统治地位的阶级进行政治统治的工具，是凌驾于社会之上而且日益与社会脱离的特殊公共权力，其作用是协调各阶级的矛盾；国家随阶级的产生而产生，也必将随阶级的消亡而消亡。

在马克思主义国家起源理论提出的前后，一些不同时代的思想家就有了各种各样的国家起源说。古希腊自然说倡导者亚里士多德在他的《政治学》中指出：国家之起源，即由于人类繁殖所需的一对男女以及生来就为主人与奴隶的相互保全欲求，自然而然地构成家庭，由此逐步形成一个自然村。人类天性向往美好生活，为了满足这种本性欲望，继而在自然村的基础上自发地建立一个共同体。"这一顺其自然发展形成的共同体，就是国家。"②法国契约说的代表人物卢梭在他的《社会契约论》中指出："一切社会之中最古老的而又唯一自然的社会，就是家庭。"③各个家庭成员，一经成年脱离家庭依附关系后，为了维护各自生来具有的自由和平等，确保自身生存的利益，理智地于社会生活中发生一种约束，当社会发展需要人们共同协作，"以全部共同的力量来保障结合的人身和财富时"，"每个结合者及其自身的一切权利将全部转让给整个集体"，而原来的约束就转化成了"社会契约"；结合行为产生的道德与集体之共同体，"过去称为城邦，它的成员称它为国家；当它是主动时，就称它为主权者"。20世纪初的几位法国和德国学者创立了国家三要素理论，即当在一个固定的领土范围内居住着一个人民，而在这个人民中又行使着一个合法的政治权力时，

---

　　①［德］弗里德里希·恩格斯，［德］卡尔·马克思.马克思恩格斯选集（第4卷）[M].北京：人民出版社，1972：166.
　　②［古希腊］亚里士多德.政治学［M］.吴寿彭，译.北京：商务印书馆，1965:10-13.
　　③［法］卢梭.社会契约论[M].何兆武，译.北京：商务印书馆，2009:5.

便存在着国家，三要素理论强调国家是政治权力、领土和人民的统一。

从上述国家起源的理论看，恩格斯偏重于社会的阶级属性，是在研究国家已有活动的基础上得出的结论。亚里士多德偏重于国家形成的过程即家庭、自然村到共同体，卢梭偏重于国家政权的取得即个人权力的转让。他们的研究相对于恩格斯的理论应该更为原始一些，也就更能反映国家起源的实际情形。国家三要素理论则偏重国家存在的基础，相对于恩格斯的理论具有一般性特征。但应当承认的是，恩格斯从阶级分析的角度得出的国家起源的理论，现实上是一个历史时期国家的客观存在，是对国家作为某个阶段的认定。

本章所要讨论的国家意义要素是指：国家作用于人性包括人的生物属性和人的本质，在多大意义上才能得到它的人民的认同进而对这个国家的认同，如果失去了这些意义要素，国家对他的人民来说就是不存在的，最多也是一种强制性存在，一旦这种强制性消失，他的人民就不再予以承认，也就是说，国家的意义要素在这种情况下是国家合法性的根本标志，决定着国家的存在与解体，那么，这些意义要素是哪些呢？

一、生存满足与国家存在

生存满足是人的生物属性中的体质属性发出的本能要求。人作为一种生命形式来到这个世界，首先就是要解决生存的问题。人的体质属性产生人的食欲、眠欲和性欲，人的生存满足就是这些方面的基本需求，也是人的生命和劳作的起码标准。如果这些基本需求得不到保障，人就会为了寻找这些需求自然迁徙，即由一个地域转移到另一个地域，原有的国家对他们来说也就不复存在。古代社会国家变更频繁，地域重组不断，其根本动因也就在这里。到了近代社会，国家基本稳固下来，有了相对的人群归属和边界，原因就在于国家着力或者注重把符合人的三种欲望的基本需求摆到了议事日程上来，并且解决得越好的国家也就越稳定，人群的归属感也就越强。人在没有安身立命的地方，你给他以土地安息；在劳作无度的时候，你给他以作息时间的界定；在婚姻有可能受到外力干扰的时候，你给他以法律上的保障，国家在他的心目中就有了基本概念和向往。

国家是一个发展过程，人的基本需求也在不断地提高，这种进步主要体现在吃、穿、住、行、育上。吃得无害，穿得温暖，住得安宁，行得便利，育得健康也就成为现代国家的起码责任和基础性工作，每一个国家对此必须高度关切、长期坚持，并为此付出不懈的努力和奋斗，任何对此的漠视和放弃都无益于国家的存在。

温饱问题就是一个吃穿问题。古代社会苛捐杂税，与民争夺这些生存资料，都是国家最黑暗的时期，现代国家对此进行反省，有了多方面的改观，甚至付出最大的努力，让人们摆脱饥饿与贫穷。但涉及住、行、育的问题，就表现出一种国情上的障碍，实际上仍然是认识上的障碍而没有把这些问题纳入国家的基础性工作。国力不足时，千家万户承担了这些责任，即国家中的家庭在起作用，这种家庭作用是对国家困难时期的一种担当，但这种担当如果长期得不到解脱，就会造成家庭作用的强化和国家作用的削弱。国家这种组织形式从起源上讲是从家庭演化而来的，这一点亚里士多德和卢梭的理论都没有错，如果让国家又重新回归家庭就是一种历史的倒退，人民就会从以国家为依托转化为以家庭为依托而另寻他处，国家的凝聚力就会弱化，甚至解体而不复存在，中国20世纪40年代前"一盘散沙"的情况也与此有密切的联系，人口特别是其中的人才就会外流。国家如果长期侥幸于此，无所作为，就有出现衰败和分裂的可能，就会名存实亡。

人是社会财富的创造者，不管这种财富为谁所有，国家都是它的最终拥有者，并随着历史的不断前行而实现整个社会财富的积累，拥有和使用好这些财富，对国家来说非常重要，按现在的说法就是使用好纳税人的钱，进行资本积累再分配。取之于民，用之于民，取是手段，用是目的。吃、穿、住、行、育是人的基本生存需求，住、行、育也就成为解决好温饱以后在国家层面上要解决三大问题。

住房是人的安身之所，没有这一安身之所，人就永远处于动荡不安之中，人的动荡不安就是国家的动荡不安。现代国家让每一个公民有一套具备基本实用条件的住房是它的使命所在。

行是人的空间活动，是人的生命在于运动的转化形式，也是国家空间管理的基本任务之一。修路架桥在古代社会多以民间为主，往往造成族群和山头纷争，在地域上也是造成国家支离破碎的原因，天高皇帝远就是一种历史写照。现代社会大规模的路网建设，加强的是人民之间的联系，推动的是经济活动的交流，延伸的是国家空间管理的有效性，实现的是国家真正意义而非象征意义的疆土统一。国家在路网建设上的投入，不管花多大的力气都是值得的。路延伸到哪里，人民就走到哪里，国家领土的归属就装在人民心中；住房延伸到哪里，人民就安居到哪里，国家管理的有效性就铸就到哪里。

育是人的生死过程，包含了生育、养育和丧葬，需要有一种基本保障，当个人和家庭有了国家归属和依托时，特别是当家庭无力担当时，这种保障的权利和义务就转让给了国家，这也是国家契约说原理的可贵之处，源于国家形成的人性渴望。这样一来，为人的生育、养育直到生命终结提供某种程度的社会保障就成了国家的基本任务。

育，除了养育以外，还有一个更高的层次，就是教育。没有教育，作为生命的个体生存来说没有问题，最多只能说他是文盲，但长此下去，社会就会回到茹毛饮血的年代，这是任何国家任何时候都不能允许的，更是现代国家要解决的一个战略性问题和社会进步的一种基本人文满足。

现代国家越来越难做，原因就在于人的生存满足要求相应提高，但这种生存满足维持的仍然是生命存续的基本系统，再高也高不到哪里去，所谓最低生活保障线的意义也就在这里。最低生活保障线应该是一种广义的生活标准，不仅仅是吃的问题，它应当包括吃、穿、住、行、育五个方面的要求，提高这些方面的基本要求，再难也难不到哪里去，任何国家都应当努力去做。当然，如果超出这些基本要求的，国家只能是一种选择性的担当，否则就有可能把人民当成一种包袱背起来，过度的社会福利也会使这个国家陷入困境而养成人民的行为惰性。

中国社会强调扶贫。贫有两种情形，一种是外部因素造成的，一种是内部因素造成的。天灾人祸一般是外部因素，这种因素导致的贫困国家可以扶助。扶贫的意义在于帮困，帮困的目的在于激发个人潜能，国家帮他一把，扶他一程，或者给他一个脱贫的平台，他就能够很快走出困境。因懒致贫一般是内部因素，这种贫国家是扶不起来的。懒出自人的本质，是人性本恶的表现，具有这种本质的人往往是越扶越贫；更不能越懒越扶，中国有句古话，叫作"扶笨不扶懒"，意思是说，笨一点不要紧，只要肯做，大家就会同情帮助他。当然，懒人作为一种生命形式来到人间，只要不违法犯罪，国家也要给予他最低生活保障，让他不至于受冻挨饿，履行好这种责任，在国家层面上也是对人的生命的尊重。

扶贫的更大意义在于民心工程：一个地方交通不便，国家要修路架桥；缺水干旱，要兴修水利；教育落后，要兴学办校，等等。有了这些民心工程就有了脱贫的平台，人们就可以借助这些平台，通过自身的努力过上更好的生活。但民心工程也有一个度的问题，就是不能把扶贫与致富联系起来，如果这样做就超出了国家扶贫意义的担当。致富是人生价值的社会实现，一部分人借助这块平台致富，就有了个人价值的社会实现。

中国社会历史上有"均贫富"的提法，但在现实生活中，任何时期的政权都没有做到过。贫穷的人很难过上富人一样的生活，富裕的人也不想过穷人一样的生活，能力上的差异得到了社会的普遍认同，也符合人的理性认识。只有当贫穷阶层人的生活被人为地压缩到了一个难以承受而权贵们又阻断他们出路的时候，这种带有过激政治色彩的口号才会被提出来，一旦社会实现重建，就会被人们所淡忘，这就提出了一个问题，即现代社会提出来的"共同富裕"应当是一个幅度范围，不是大家都同等富裕。在现实生活中，人只要各有所得，各有所成，各有所安，各有所乐，这个国家就很适应于人的生存了。如果一个国家把富裕的目标定得过高，那么，就会超出它应有的担当而使这个国家步履沉重，国家也没有这么大的能力去做，或者说，共同富裕的真实含义应该是"共同提高"，即贫困人在贫困的基础上提高，富裕人在富裕的基础上提高，这种提高包括物质文明、精神文明和政治文明三个方面。这其中，贫穷的人偏重于物质文明的提高，富裕的人偏重于精神文明的提高，公务人员则偏重于政治文明的提高。有了这种提高，人民就会安居乐业，社会就很充实完美。

二、公平正义与国家形象

公平正义是人类历史长河中一块永恒的丰碑。任何国家面对这块丰碑，都有责任书写一份让人民满意的答卷。如果它演变成一种社会喧嚣，就说明公平正义出了问题，就是国家的问题，换句话说，如果国家管理下的社会失去了公平正义，那么这个社会就类似于动物世界，或者说只是比动物世界更为高等一些而已。

仅仅从字面上理解，公平就是"公开平等"，正义就是"正当的意义"。学术上一般认为公平是指按照一定的社会标准和正当的秩序合理地待人处事；正义是指一定的社会道德标准。社会公平包括公民参与经济、政治和社会其他生活的机会公平、过程公平和结果分配公平；正义包括社会正义、政治正义和法律正义等。公平正义是衡量一个国家社会文明发展的核心标准，是现代社会孜孜以求的目标。

从国家起源在自然说和契约说的形态上可以看出，国家由家庭演化而来，当个人或家庭无法保全自身生存利益的时候，人们就把这种应当由个人行使的权力转让给了国家，由国家担当来保全他们自身生存的利益。人的生存利益是人类社会最大的正义，能在公平的基础上实现就具有最大的普适性，这就有了公平正义在国家层面上的人性意义，国家最早充当的就是这种角色，即在保障每个人生存利益上主持公平正义。恩格斯也非常清楚地意识到，国家的作用是协调各阶级的矛盾，不至于在无谓的斗争中把利益的对立面和社会消灭，这种协调当然就是主持公平正义，维护人的生存。

公平正义从人的一维性本质上讲是这样被提出来的：本恶的人相信人活着都是为了自己，如果所有的人都是本恶的，那么，社会就会自然形成一种内在的自我调节机制，以维护它的平衡；本善的人相信人活着都会互相帮助，如果所有的人都是本善的，那么，社会也会自然形成一种内在的自我调节机制，以维护它的平衡。但问题就出在有的人性本恶，有的人性本善，这就使得某种单一的机制，即只适应于人性本恶人的机制，或者只适应于人性本善人的机制总是建立不起来，即便是一时建立起来了也无法长期维持，而是需要在这中间寻找某种平衡，这就有了公平正义问题的提出，也就是说，公平正义问题从源头上讲，就是人性善恶共存现象引起的必然反映。

人的个体在自发状态下，本恶的人必然要欺负本善的人，这种行为是动物本能在食物链上对同类的被动施加，经过人的本质作用而转变为人的主动行为，这就有了人的恶行，而人性本善的人又不可能长期接受这种施加以至于起来反抗，仇恨就会升级，直到危及整个人类的生存，这就需要有一种强大的力量来维持它的平衡，国家就会被自然地选择了出来。人的整体本质是一个善恶的综合体，具有人的本质的二维性，既善又恶，而要保持这个综合体的平衡，使社会正常有序地运转，也只有国家的力量才能办到。国家为什么会有这么大的力量呢？说到底就是在它的背后是全体人民权力的转让。人类的本质是一个理性体，具有人的本质的共性或者说是三维性，人类的理性在国家范围内是由国家担当的，道德和法律作为人类理性的认识成果，在一个国家内由国家制定和实施的，国家有了这种认识成果也就有了维护公平正义的砝码，国家也就成为维护公平正义的最大法人，所谓"依法治国"就是国家履行法人资格和职责，"法律面前，人人平等"又是社会道德的基本要求，也就是说，如果法律面前不能人人平等，也就无所谓道德的存在。履行这种职能国家既不能含糊，也没有退路，做不到就是国家法人资格的丢失。

公平与正义本身有一个主从关系问题。人们在日常用语中说公平就必然正义，说正义就必然公平，其实不然。公平与正义就各自的意义而言，公平是手段，正义是目的，通过公平的手段达到正义的目的才是公平正义的全部含义。这就提出了另外一个问题，就是当公平的手段达不到正义的目的时怎么办？唯有的办法，就是公平服从正义。公平服从正义也是手段服从目的一般性推理，这就得出了另一个结论，即国家履行法人资格的核心就是正义。

正义即"正当的意义"。什么是"正当的意义"呢？当然不是各说各有理，各走各的路，而是要符合人的共同理性的要求。人的共同理性是人类的本质，它的内涵是真理，外延是民主，民主的本质又是共识，这在前面章节已经论证。那么，"正当的意义"就是求真理，讲共识。"国家有难，匹夫有责""路见不平，拔刀相助"，就是一种民间共识，它在维护社会稳定方面发挥了不可替代的作用。在法律日臻完善的时代，虽然"拔刀相助"的事已由国家法律承担，但路见不平，出手相救，仍然值得民间倡导。

公平本身包含了平均的意思，平均有时候是不符合正义要求的，这就是公平本身的局限性，人们找不到其中的原因，就想把这一意义从公平中剔除出去，这是不恰当的，是削足适履。其实，在产品很缺乏的远古社会，平均显得很重要，失去了平均，老的和小的就无法生存，这时候讲公平就是讲正义，人的生存意义就是最大的正义。但产品一旦过剩，二次分配就不能讲公平，如果再公平下去，就调不动人的积极性，社会发展就会缺少动力，公平的局限性就显现了出来，这就需要讲正义，这种正义就是多劳多得、按劳分配。"多劳多得、按劳分配"也就成为公平正义中一块最古老的基石，标志着人们在解决生存问题之后认识上的一种巨大进步。

现代社会提出的再分配要讲公平，应该是国家财政收入形成的社会福利向弱势群体的倾斜，这种社会福利是社会财富的终极分配，是为了困难群体的生存而为之。国家财政收入是在社会收入二次和多次分配过程中形成的。一次分配满足的是人的生存需要，国家是不能参与分配的（困难企业要免税、减税或返税就是这一道理），有了剩余产品就有了二次分配，在二次分配中才有按劳分配、资本利润和国家税收；此后的多次分配则是国家从按劳分配后对高收入人群提取的税收和民众消费过程中缴纳的税收等。国家在这些过程中形成的财政收入除了用于自身的支出后，就是要向无收入人群和其他困难人群倾斜，这种终极分配既是讲公平，也是讲正义。财富是人民创造的，国家作为一种治理工具既不能生产财富，也不能制造财富（制造货币并不等于制造财富），只能从人民创造的财富中提取一部分，以维持自身的运转和公益事业，这种提取在国家层面上也是最大的正义。

公平与正义的主从关系表明：当公平中包含了正义的时候，讲公平就是讲正义，当公平与正义不能统一的时候就要讲正义，这是公平服从正义的内在要求，也是正义优先在公平正义中的自然体现，或者说，讲公平正义本身就包含了正义优先的原则。产品过剩是私有制产生的根源，也是社会正义产生的根源，两种事物同出一源，表明它们之间存在着某种天然联系，否则私有制也就不可能在历史的长河中表现出如此顽强的生命力。私有制产生贫富差别，贫富差别产生阶级，这一点马克思主义者看得很清楚。人的一维性本质使整个社会充满了矛盾，这种矛盾从人际关系开始逐步展开，就有了集团斗争包括阶级斗争，可以说人的一维性本质是一切社会问题产生的终极根源，这一点在《人性之本与人际关系的运动方式》及《人性之本与社会进步的机理》章节中已有论证。

公平服从正义，是社会的普遍现象。市场买卖，双方达成共识就是正义，如果要讲公平，什么生产成本、经营成本、环境成本、社会成本，理由就是一大堆，商品就很难流通起来。帮助别人不讲公平，只讲正义，无偿付出才能实现。战争中没有公平，也就只有正义与非正义之分，在战争中讲公平就是笑话，中国古代有则故事叫《宋楚泓之战》就是如此。说的是宋国与楚国在泓水边交战，宋臣子鱼提出了待敌渡河而战或半渡而战的意见，均被宋襄公否定，宋襄公是想寻求战场公平，不能乘人之危，结果是贻误战机而大败。机会均等既是公平也是正义，在机会均等的情况下取优胜者就只有正义；选拔公开既是公平也是正义，取公认者就只有正义。相对人的全部需求，国家在满足和改善人的基本生存条件之后，就要把主要精力放在主持社会正义上来。如果在公平正义之间，打破公平的力量来源于正义，那么这种打破本身就是正义，再大的阻力也要坚持；如果这种打破来源于非正义，就要坚持公平。

国家不论大小，社会工作总是千头万绪，如果方方面面都要去照顾，既做不好也做不到。面对社会，国家真正要做的一件大事就是主持公平正义，没有这种主持，国家就没有凝聚力。只有在公平正义的旗帜下，人心才会安服，人民才会顺气，万事才会顺畅。社会太平了，人就有一种安全感，就没有了担忧，就会变得有胆有识，这样的国家就有魄力。如果总是去照顾这个，照顾那个，搞利益权衡，结果是：扶持强势群体，弱势群体不满意；扶持弱势群体，强势群体不高兴。偏袒富人，穷人会反对；偏袒穷人，富人会埋怨。放任人性本恶，社会就会横征暴敛；一味弘扬人性本善，社会又缺少推力。不管是人性本善，还是人性本恶，大家都是国家公民，如果国家总是有选择性地去做，不管多么努力都不会让全体人民满意。只有主持了公平正义，坚守正义优先，本恶的人就有惧怕，本善的人就会臣服，人民才不敢不满意，不能不满意。通俗地说，就是在公平正义面前，富人富得正当就让他去富，穷人穷得合理就让他去穷（当然这不能忽视人的基本生存问题，这也是正义的底线），好坏都是自我表现，一旦养成习惯，人们就会安于现状，社会就会相安无事。

国家作为主持公平正义的法人，自身的形象非常重要，这一形象就是要使国家在它的人民面前成为公平正义的化身，要做到这一点，国家有两个基本问题需要解决。

一个是用人问题。国家作为各级政权的最高形式，国家权力成为一种公权力，即国家代表每一个人，行使他们所转让的权力，"公权力"也就成为国家的本质，这是对国家本质的逻辑推论，也是国家本质的原始成因。

国家的这种本质规定了它的宗旨，就是为人民服务。这种规定不是对个别国家的要求，而是所有国家的宗旨所在，只是由社会主义国家正式提出而已，也就是说任何国家在本质上都得为人民服务，都必须为人民服务。如果在执政中出现了自身的权力，那么就出现了权力的异生，这种异生就是公权力的私有化。立党为民，包括资本主义国家的执政党派都不能例外。

有国家就有国家管理，国家本质中的宗旨就转变为国家管理的本质，实践这种本质是对每一个国家的基本要求，但做起来很难，这并不是因为国家管理的本质发生了变化，而是人的一维性本质和二维性本质作用于公权力发生的扭曲现象。

国家权力运转需要具体的人去做，这就涉及国家的用人问题。国家用人按现代概念分，大致有两大类，一类是政务类人员，一类是业务类人员。政务类人员代表人民管理着国家或地方事物，必然要通过人民选举产生，才有代表人民管理事物的资格。业务类人员则是按国家政策法规办事，是国家录用的办事人员，这类人员必须具备相应的知识技能，必然要通过考试考核取得。政务类人员由选举产生，也就由选举淘汰；业务类人员由考试考核录用，也就由考试考核淘汰。所谓官场和官员在本源上是没有的，是公权力在脱离人民赋予，即脱离人民权力转让这一核心之后，权力异生而独立运行的产物，是权力场人群自我认同对社会的转嫁而不得不使社会承认的结果。

现代社会把国家机关工作人员叫作"公务员"，是一种很科学的称呼和对本源的回归，是对官场、官员和官僚化的否定。所谓公务员就是服务于公权力的人员，最谦逊的提法叫作公共权力的仆人，简称为"公仆"，并在以马克思主义理论为基础建立起来的社会制度中得到了公开承认。中国工农红军时期部队中不能有长官的称呼，就是它的最早体现，而在此之前的任何社会形态都没有这样旗帜鲜明地提出过，这不仅仅是一种社会进步，也是一种人的认识进化和理论创新。

中国古代社会有"官人"之说，指的是古代男性拥有对家庭人财物的支配权力，是私权力的归属。"官"的称谓在本源上也就是对私权力的认定，而执政者在执政活动中，本质上是公权力在起作用，他与权力的关系是，国家给予你薪酬，你为公权力服务，"公仆"的身份也就有其正当的分量。民营企业有CEO，他们按股份制行使着对自身财产的管理权，但公权力不能有CEO，这叫作不能拿别人的权力当自己的权力使用，这就是政界不能有官员和官场的原因所在，所谓官场、官员的称呼，本源上就是公权力的私有化，政界去官场化也就是历史的必然。

官场是怎么形成的呢？有两点特别值得一提：一是政务类人员在公权力岗位上，当这种权力在实施的过程中带有明显的个性而又缺失公德的时候，"公仆"也就异化了成"官人"，官员的称谓也就有了市场。二是由选举产生的政务类人员本来不多，如果仅仅认定这部分人员为官员也形不成官场，问题就出在业务类人员也与政务类人员享受同级同类人员的身份和待遇，特别是当他们把按政策法规办事视同一种权力而不是服务的时候，也就有了"官人"的形象。后者是一个系统化的团队，如果这两类人员不科学分类，严格区分，只要一结合一个庞大的官场就自然形成。特别是当业务类人员把按政策法规办事视同自身一种权力的时候，那么在办事的过程中，当然可以给你办，也可以不给你办，可以早办，也可以迟办，索拿卡要和寻租就会自然形成。有权力在握，官小架子大，办起事来也就不知道自己是谁了，态度恶劣也就成为常态。

一个执法人员有了岗位责任，按职责办事就是为社会提供国家服务，如果某个人说我是执法者有权力执法，那么性质就发生了变化。其实国家作为公权力的承担者，没有把这种权力授予任何个人，任何人履行的只是岗位职责产生的公务服务。这种观念如果树立不起来，那么各种乱象就会丛生。譬如，国家为支持实体企业发展，采取一系列减税减费政策，一些税政人员就会把减税政策当成自己的权力去人情化，关系好的就办，关系不好的就不办，收了贿赂就想方设法为其出主意、想办法，往政策的笼子里套，结果该减的不减，不该减的也乘了顺水船。银行优惠贷款也一样，要么乱贷，要么不贷，平民百姓要拿到优惠政策就是一重九关。这样一来，官场就有一种特殊的腐败现象，就是基本政策范围内的事官员们不敢去突破，甚至积极维护，敢于截流和放任的就是一些特殊时期的优惠政策，并且成为某些办事人员受贿乱政的一条重要途径，也是某些时期税费越减越多，权力越放越大越繁杂的根源所在。

政务类人员为执政而来，只有那些怀有改造社会的政治抱负又能获得人民公认的人才能担当。政务类人员在执政岗位上也是为公权力服务，其基本性质与其他劳动者一样，没有超出薪酬与劳务的关系，按公德执政就成为对执政者的基本要求。虽然个性化执政在历史的各个时期都有，有的备受褒扬，有的备受贬斥，但不管是褒是贬，对公权力都是一种破坏。公权力必须尊重人民的共识，按照公共意志办事，在公共意志下形成的政策法规，更不能带有个人色彩，特别是个性展示，这是由国家的本质即公权力本身决定的。

政务类人员由选举产生，不管从政长短，他们一般公民的身份并没有发生变化，也就不存在一日从政、终身为官的问题。一旦脱离权力界，他们就回归公民身份，至于执政时期的决策问题也只是个人对时势的认识所形成的正确判断，是在他人意见的基础上，结合自身实践求取的真理运用，而并非个人个性的作为，即便是有个性，这种个性必须保持在公权力能够容纳的范围内，其基准就是这种个性不能凌驾于公权力之上。一般来说，有作为的政治家都有较高的理性，这种理性契合于人的共同本质，如果不细致观察，就会误认为是他的个性在起作用，这当然需要时间让人们去理解和区分。

业务类人员为就业而来，必然要懂得国家政策和法律法规，这是他们的职责所在。政策法规方面知识虽然具有国家的权威性，但也只是社会知识的某种类型，并没有职业的特殊性。在政府机关工作的财务人员和在企事业单位工作的财务人员并没有什么两样。面对政策法规，前者需要学习它，是为了办好政策法规方面的事；后者需要学习它，是为了防止办事过程中通不过政策法规的审核。公务中的业务岗位与其他社会岗位一样，是一个开放流动的系统，所谓公考就是公开考试录用，并没有任何封闭的意思，也没有一考定终身的问题。按产业分类，公务岗位本身也是服务类岗位，是第三产业之一，也就无所谓"官员"之称。

尽管如此，社会发展到了今天，世界公权力界仍然是一个庞大的官场。有官场就有官场的用人标准，尽管历代社会各个国家有所不同，但从正面意义上讲，德才兼备基本要求是相似的，看起来很合理但做起来很难，更不容易贯穿始终，出现这种情况其实并不奇怪。人的本质在个体上非善即恶，具有人的本质的一维性；人的本质在整体上是一个善恶的综合体，具有人的本质的二维性，这在第二章《善恶本质的生成》一节中已经论证。国家用人是集团用人，是人的一个整体单位用人，不管是什么制度，既无法把本恶的人从官场中隔开，也无法把本善的人从官场上隔开，并且在自然状态下，本恶的人始终是这个场所的多数，但本善的人也不可能全部消失。

人的理性一旦缺失，又少有外部压力的制约，本恶的人一有机会就要行恶，本善的人一有机会就要行善。官场上的诸多斗争追溯到本源上，利益之争，权力之争，地位之争都只是一种外在的表现形式，本质上都是人性善恶之争，譬如政策制定是倾向于上层社会还是底层社会，就有个人的善恶愿望，个人为政是贪是廉都是个人的善恶表现。但是要知道，行恶不是公平正义，行善也不是公平正义。既然从执政者个体本质上无法解决这一问题，那就要从用人的方法上去加以解决，这就回到了前面所阐述的，即政务类人员必须选举产生，业务类人员必须考试考核录用，并且分别由这两种机制淘汰，形成国家用人的自然流动，减少人性本恶，增加人性本善转化成国家行为的机会，形成国家用人的公平正义。

国家用人，不管是选举产生，还是考试考核录用，都没有把人性善恶排除在外，前者取的是选民推举，后者取的是考试考核成绩。对于政务类人员，只要具备改造社会的能力，怀有政治抱负的就是人选，就可以参与选举；业务类人员只要具备国家政策法规知识及相关文化功底的就是人选，就可以参加考试考核录用，这就从制度上解决了国家用人的方法问题，也解决了国家用人的进出流动问题。即便是出现像和珅、魏忠贤这样的人物从政的情况，现代社会也可以通过选举和考试考核清除。至于选举是间接选举还是直接选举，取决于一个国家的人口多少和民众的理性进步，或者说，间接选举与直接选举只是一个方法问题，是一定历史阶段的一种可选方案，同时，选举在人性善恶的参合下，也有被利用的可能，这就需要对选举形式进行不断改进。

公务人员虽然无法从善恶本质上加以选录，但公共素质是不能缺失的，那就是政务类人员必须具备公众意识、善于吸收民智民力和尊重人民的共识；业务类人员必须懂得谨言慎行，规规矩矩按政策法规办事，既不能怠事懒政，也不能"开拓创新"。所谓"开拓创新"，用在公务活动上，往往会造成政策法规的走样，这是国家行政的大忌，也是国家用人和社会其他领域用人的一般性区别。

国家要真正治理好自身的用人，集中到一点就是要在公权力界去官场化，这件事再难，经历的历史时期再长也要做。公权力界如果不能脱离官场，甚至得到强化，就必然会有人把做官变成唯一追逐的职业，通过官场实现自身的欲望。那种只想做官，不想做事或者做些表面上的事的人就会蜂拥而至。这类人多了，再高的要求、再大的外部压力、再多的薪水供养在他们的面前都会被变通，硬的他对付不了，他就会来软的，比如欺上瞒下，讨好上级。

国家在任何时候，都要倡导职业平等，这是公平正义的要求。社会没有特别值得尊重和珍视的职业，只有特别值得尊重和珍视的人，为人确定节日是可以理解的，如六一儿童节、五四青年节、三八妇女节、重阳节、清明节（奠祭故人）、端午节（纪念屈原）等，但为某种职业立法、确定节日就不是国家的基本价值取向。国际上有护士节，但这一节日不是为护士这种职业设定的节日，而是为了纪念南丁格尔这个人设定的节日，在这一天里，护士们要纪念南丁格尔、铭记救死扶伤的精神，更加敬业爱岗，作出表率，当然不能放假。国际劳动节是为劳动人民设立的节日，劳动不是某种特定的职业，而是对人们创造社会价值的肯定。

另一个就是自然资源问题。国家拥有土地，也就拥有包括土地在内的自然资源。国家产生以前，土地和资源是自然之物，最早属于当地的人民，人民就自然而然地成为这片土地和资源的主人，当人民无法保全它的时候就转让给了国家。这种转让包含了两种形式，一种是无限转让，一种是有限转让。国家接受土地就使土地转换成国家主权而有了领土的归属，国家也就成为主权者，人民对主权的转让就是一种无限转让。与此同时，人民对土地和资源的利用仍然在继续进行，这是他们维持生计的基本条件，也不可能全部转让出去，这就有了对土地的有限转让，即人民保留着对土地和资源的使用权，国家在土地使用权中行使的是消除纠纷、主持公平正义的权力。这就要求对土地和自然资源的拥有，国家要有一种清醒的认识，就是对主权的无限拥有和对使用权的有限拥有，否则就会剥夺人民对土地和资源的使用权。

国家在土地中行使消除纠纷、主持公平正义的权力，是一种国家管理，也是国家管理的最早形成，原理上是通过人民对土地的生存依赖而取得，其宗旨就是为人民服务，并由此产生税收、国防等事物。国家的这种管理宏观上作用于人的整体，人的个体只是整体中的接受者，换句话说，国家服务不是作用于每一个人，这就有了某些政策对某些人不利情况的出现，如对高收入人群加收税费的问题等。

国家在资源开发的问题上，有必要回归公平正义，使人民感受到国家拥有土地和资源与自身拥有土地和资源一样，都有相应的收益，而不仅仅是从业角色的转换。面对这一问题，任何国家都有很多事情要做，中国对边远地区的无偿投入和少数民族景区的无偿开发以及修路架桥、美化环境就是很好的实践。

土地和资源上的公平正义，关系到国家守土有责能否转化成人民守土有责的自觉性。国家组建军队，人力资源来源于人民，如果人民不能从土地和资源的升值中受益，守土有责也就不会在他们的意识中得到强化。特别是在国际事务中，如果一个国家只讲本国利益而无视他国利益，那么以强凌弱掠夺资源就会成为必然，人民起来反对它，就会使它在国际事务中失去公平正义的形象，而这一点中国始终是一个正面形象。

国有企业也是国家的一种资源。国家由军队、司法和政府组成，国家不直接介入经济活动，但通过政府调控经济，也就间接地介入了经济活动，特别是政府为了维护经济的平稳运行，保留民生产业，介入支柱产业，实行国家管理并不异常，更不应当受到社会的责难。国有企业引起社会不满的两大问题，一个是管理层的腐败问题，一个是垄断问题。腐败问题与企业性质本身没有直接联系，是人的本质在各行各业的反映，说国有企业有腐败，民营企业没有腐败是不对的。民营企业的腐败只是通过企业体制的转变使其不当收入由不合法转化为表面合法，在这种表面合法下其实掩盖的是另外一些不合法，包括信贷财富的滥用，不当产业的死灰复燃、家族财产的不法转移等。垄断问题其实是国有企业管理权官场化产生的结果，国有企业的资产本质上是公权力的物化形式，管理者本身只是公权力的服务者，是"公仆"，只要解决好了国有企业官场化的问题，垄断问题就可以得到自然化解。

三、论功行赏与国家道德

按功劳大小进行奖励就是论功行赏。国家以此来肯定个人成就，树立人民标杆，具有至高无上的导向。生活在这样的国度里，人民就有一种荣耀感和归属感，由此产生的就是人民对这个国家的向心力。

论功行赏典出《管子·地图》篇："论功劳行赏罚，不敢蔽贤。"管仲是中国古代齐国的名相，号称"华夏第一相"，距今大约三千年，可见论功行赏在中国历史悠久。汉代刘邦平定天下，对功臣们进行了系统的功绩平定和分封。萧何为战事操劳，居功臣之首，曹参战场夺关，居功臣第二，评定之中非常注重全局与局部的关系，考究之深让人臣服。其实古今中外，建国之初都很重视论功行赏，对建国有功的人不是授衔就是授勋，以奖励他们在建国之中所作出的突出贡献，同时又起到了安抚民心、稳固政权的作用。但历朝历代建国以后就开始对此淡化。中国皇权社会和平时期多以皇帝颁诏的形式，对各级官员进行象征性奖励，对民间多以道德倡导取而代之，有所谓功德牌坊之誉，现代社会虽有所改进，但分量还是远远不够。

论功行赏要在国家层面有制度安排，是国家一项基础性的长远工作，它要达到的效果就是要使整个社会产生一种荣誉向往、精神支持和物质满足，而不只是停留在某时某事的时效性上。

每一位对社会、对国家做出突出贡献的人有了国家的论功行赏，就有了国家的荣誉和地位，这种荣誉和地位是任何社会团体、企业、个人授予都无法替代的。论功行赏不能与解决个人实际问题联系在一起，以至于造成论功行赏的错位而去照顾这个，照顾那个，包括解决他们的家庭困难以及配偶子女就学就业问题等，这些问题本身也是个人的事，国家一旦介入就会产生新的社会不公。

为国家和社会作出突出贡献的人就是人才，贡献也就成为衡量人才与否的标准，贡献是人的个体价值的社会实现，这种社会实现只能通过自身的努力才能达到。突出贡献与一般贡献相比，其区别在于：一般贡献是人的个体在满足自身生活需求做出努力的同时，不知自觉地为社会积累了财富，平民百姓大多都具备这种贡献；突出贡献是人的个体在满足自身生活需求做出努力的同时，通过创造发明、研究发现、理论创新以及奋斗牺牲而惠及人类社会的进步事业，没有这种突出贡献就没有人才的诞生。

人才与精英相比较，人才是指人的个体，精英指的是人的阶层。早期精英理论出现在西方社会19世纪末，其代表作为意大利社会学家G.莫斯卡的《统治阶级》。他认为一切社会都存在着统治阶级与被统治阶级，社会文明随精英的变动而改变，并着重研究政治精英的本质与他们取得权力的方式，探讨了精英地位的维持和更替等问题。[1]到了20世纪50年代，当代精英理论开始在美国兴起，主要代表有H.D.拉斯韦、C.W.米尔斯等，他们在重视政治精英研究的同时，也注意到了社会精英的存在与意义，探讨了精英在政治、经济、技术、军事领域的流动等问题。精英理论从理论架构上讲，也是阶级分析法的一种运用。

精英阶层作为人的整体的一个单位，必然是一个善恶的综合体，沽名钓誉之辈也就可以通过各种渠道跻身其中，以获取光亮的身份和地位，当代社会一些人很乐意把自己打扮成精英其目的也就在这里。精英作为一个

---

① [意]莫斯卡.统治阶级 [M].贾鹤鹏，译.南京：译林出版社，2002:62，97.

阶层，一般占有政治、经济、文化和社会地位的优势，特别是官僚集团中的人士，人们也就很容易把他们误认为人才。其实精英不能与人才同日而语，或者说精英中有人才，也有庸才、蠢才和奸才，真正的人才是那些为社会作出突出贡献的人。

人才在人群中虽然为数不多，但为众望所归，特别是科学技术界的人才普遍受到人民的景仰。任何一个国家都有人才，而且一个时代会产生一个时代的人才，虽然为数不多，但社会总是不缺人才。人才包括英雄在内虽然不能创造历史，但他们为这个社会作出了突出贡献，就是社会进步的先驱力量，如果失去这种先驱力量，国家就会平庸，社会就会懒散。人才在获得国家荣誉后，实现的是自我激励，满足的是对国家的情感归属，一般集结在他们手边的财富都会成为再次创业的资源而形成资源的良性循环，与那种通过暴利和不正当渠道包括贪污腐败获得的财富相比较有着质的区别。人在不当获得时，就会去挥霍，进而刺激不正当产业的死灰复燃，形成社会进步的逆流。

从生产力的角度上讲，人才处在各行各业之中，中国有"三百十六行，行行出状元"之说，既是历史经验的总结，也是人的理性倡导。国家论功行赏也就不能局限于行业、职业，特别是民间的创造发明更应该得到国家的重奖和呵护。国家奖励具有很高的权威性，奖励再多，人们不会去嫉妒，奖励不多，也是国家荣誉。国家如果放弃这种论功行赏，生活在这样的国家里，人才就有一种委屈感、屈才感，人才为社会、为国家作出的贡献就会被无端瓜分，干好干坏一个样，功过就不分明，人们就会无端攀比，要么强求平均，要么无序掠夺，这一点在知识产权之中十分突出。如果一个创造发明人，一辈子的成果一面世就被人剽窃滥用，成了他人的致富工具，那么这个创造发明人最后的结局就是贫穷。

做足论功行赏，在国家执政体系中还能解决长期解决不了而又必须解决的能上能下问题。有功之人在得到国家奖励后，如果他不愿意继续从政，也有足够的财力和声誉去从事其他产业，包括尽早安度晚年而不至于死死地盯在职位上，等待提职以实现无穷无尽的"官欲"。

国家论功行赏也可以带动地方、民间论功行赏。地方政府可以对本地有功人员进行奖励，企业家、民间组织包括社会团体以及有实力的个人都可以对有益于国家和社会的人进行奖励，如同诺贝尔奖，本身也只是一种民间奖励，一旦形成风气，整个国家就有了一种朝气蓬勃、人人向上的社会风尚，就有了国家导向的无穷魅力。

四、属性引导与国家生机

人的原始生物属性包含了人的体质属性、人的感情属性和人的智力属性，人的生命运动就是这些属性沿顺时针方向的运动，这是《人性的金字塔结构》一章中的论证。人的生命运动焕发出的能量就是人的精力，人的精力在满足人的生存需要付出以后都会有一定的过剩，这种过剩就会在劳作之余寻求另一种去处，这就有了以人的体质属性为特征的体育活动，以人的智力属性为特征的游戏活动，以人的感情属性为特征的交谊活动，这些活动也是人的基本精神生活和必然要求。

人的精力过剩是一种普遍现象。就足球运动而言，很费力气，拼来踢去，就进那么几个球，甚至一个球也没有进去，从观赏和评判的角度看没有多少价值，但踢球的人拼命，看球的人疯狂，为什么呢？就是因为人有过剩的精力，这种精力需要一个发泄的渠道，这就向国家提出了一问题，就是如何把人的过剩精力疏导出去，从根源上讲，就是对人的生物属性的引导，而不至于使其转化成内耗伤及人类自身。人在劳作之余，如果失去了正常的体育活动就有可能增加暴力和斗殴；失去了正常的游戏活动就有可能扩张赌博和迷信；失去了正常的交谊活动就有可能助长团伙和宗派，等等，最终影响的是这个国家的形象和人民的素质。

体育运动源于人们的体力劳动，体育本身也就具有大众化的意义，国家发展体育事业必须把握好这一主旨。体育由劳动演变为竞技，使体育逐步脱离劳动而变为人的体能极限的测试，这本身就是一种极端，也导致了人们只重视竞技而忽视了它的主旨。国家动用财力把某些人养起来，如果仅仅是为了训练竞技人才并不可取，国家要推动的是全体人民体育运动的普及，当然适当地训练骨干，使他们从民间来又回到民间去，促进民间体育运动的发展才是可取的；对于体育中的人才国家要予以论功行赏，特别是对于那些在国内和国际性竞赛中的获奖者，国家的奖励要与他们的付出和荣誉相对称，使他们有能力长期从事这种专业，无忧无虑地过好自己的一生。体育活动由国家倡导，民间实施，能够最大限度地涵盖体力劳动的内容，使体育活动与劳动竞赛浑然一体，这才是国家对人的体力过剩的最好疏导。

游戏活动是人的智力展示，从弈棋、猜谜、博彩到卡通、电游等都在其中。人认识事物、模仿事物，目的是为了利用和创新事物，国家在人的智力属性上的引导除了适当发展智力游戏产业以外，更多地要把人的智力属性引导到创新上来，特别要使之成为人民业余生活的重要去处。鼓励民间创造发明，国家投入再多都是有百利而无一害，任何民间赞助，企业购买，都不能代替国家倡导。科学技术的进步不仅仅是国家的一些大项目、大工程、高精尖工程，而是全民科学技术意识的养成，把人的过剩智力引导到创造发明上来，并使之成为民间智力开发的重要去处，爱科学、学科学、重科学的风气就会自然形成，就会惠及一个国家的千秋万代。

交谊活动是人的感情活动。人的亲情、友情是人的自爱，人的爱心是人的他爱，人由自爱到他爱是一个由近到远的过程，人在这一过程中走向社会，人就有了广阔的生活空间。人有亲情也就有了赡养的义务；人有友情，也就有了互助的义务；人有爱心，也就有了人对外部世界人文关怀的义务，国家在人的感情属性上的引导就是要围绕这些方面展开。中国传统文化对孝道和仁道的引导非常突出，目的是通过这种引导构建良好的人际关系，但这还只是人的自爱，人仅仅停留在这上面是不够的，也缺少深度和远景。自爱是人的亲情和友情的展示，是人的感情属性的初级阶段，为人与动物所共同拥有，人如果仅仅停留在这一层次上，人与动物就没有太大的区别，只是层次更高一些而已，过重的亲情和友情也会导致人的善恶不分。国家在人的感情属性上的引导，应当更加注重人的爱心的引导，人的爱心是人对外部事物的人文关怀，有了这种关怀，人就能够从自爱走向他爱，就能够关怀大自然，就有了人文内涵，人的生活空间就更加广阔。在现实生活中可以看到，一个地方的民俗如果只看重亲情和友情，那么这个地方就有一种天然的自私心理，就不太关注公共事务，不太关心公益事业，也就不太热爱大自然。

对人的属性的引导，广义上涉及人的全部业余生活，这就要求国家为人民创造一种良好的业余生活环境。建造大型公园，设立自然景区，便利民众旅游，等等，都是为疏导人的精力过剩所做出的良性努力，但这满足的还只是人的外部需求。歌舞书画、文学创作等方面就涉及人的内部需求，更应该得到国家的重视，这些内部需求对于人的个体来说本身无所谓业余与专业之分，国家要做的就是奖励和扶植，以促进民间文化艺术事业的繁荣。

人的精力和能力是两个不同的概念。人的精力是人的生命运动焕发出的能量，人的能力是人的智力的展示。人在失去了能力以后可以在他人的帮助下活下去，但失去了精力就失去了生命。人的精力过剩是人的生命朝气蓬勃的象征，国家把人的过剩精力疏导出去，国家也就有了朝气蓬勃的生机。

　　生存满足、公平正义、论功行赏和属性引导构成国家在人性中的四大意义要素，其中，公平正义是国家在人性中的意义要素的核心。有了这些要素，国家在它的人民心中就是完整的，不管是清贫还是富足，动荡还是平安，战争还是和平，苦难还是幸福，人民都会与他的国家生死相依直到永远，当然这种永远也会伴随着国家的消亡而消亡。

第八章　人性之本与社会治理

　　人类社会自诞生起，社会治理就开始萌芽。一般认为，社会是共同生活的人们在各种社会关系基础上的集合，形成社会的基础主要是家庭、文化以及风俗。宏观上的社会是指由社会成员通过发展组织关系形成的团体，这种组织包括各类机构和国家等形式。国家诞生以后，社会治理就成为国家层面的治理，如果一个国家的社会治理变得混乱不堪，那么，这个国家将不能长久维持，就会受到人民的唾弃。

一、社会的线性治理与圆形治理

　　社会治理从形式上分大致有两种类形：一种是从上到下或者从前到后的线性治理；一种是首尾相连的圆形治理。在世界已有的历史进程中，线性治理的历史尤为悠久，这种治理重点体现统治集团的权威和社会等级，只是到了近代，随着民主社会的到来，圆形治理才开始出现。圆形治理体现社会阶层的相互制约和依存，一经出现就显示出它独特的优势和生命力。

（一）线性治理

在线性治理中，国家执政当局的治理理念通过地方执政当局层层推行下去，直到民众身上。各级执政当局作为治理主体，在社会治理中发挥着牵引作用，从上到下或者从前到后引导着民众前行。民众作为一个庞大的社会群体，是社会治理的被动方，这就使得这种治理变成一种非常费力的牵引运动。在线性治理的过程中，不管执政当局的初衷多么高尚，承载在这之上的社会文明进步都会十分缓慢，特别是当中间层次出现问题，信息反馈不能迅速达到高层时，社会治理就会失控，社会矛盾激化随之而来。中国古代文明源远流长，但又步履艰难，其社会治理形式大致都在线性治理上。孔子倡导德治，韩非子倡导法治，以及历代统治集团的德法兼治，都没有使这一时期的社会文明出现大的进步，反而使整个统治集团产生一种驾驭社会的心理，形成一种"牧民术"，即把民众当成羊群一样来驱使，迫使他们往某种方向走，结果不可避免地加剧了社会动荡。

（二）圆形治理

近代社会民主制度虽然已经到来，但仍然在探索和确立的过程中，远远没有达到完善的程度。第六章《社会进步的形态标志》一节中，社会形态按治理顶层或治理主体分，人类已经经历或正在经历的社会形态为氏族部落社会、首领城邦社会、家族皇权社会和党派执政社会，当前比较先进的社会形态是党派执政社会，包括资本主义社会和社会主义社会。党派执政社会是民主社会的开端和初级阶段，不管是间接选举还是直接选举，实现的都是党派执政。在民主制度下产生的执政当局，民意使它们获得政权的基础。民意在现实上又是社会治理效果的集中反映，社会治理效果的好坏也就直接关系到执政当局的去留。这样一来，执政当局与民众之间就形成一种有机联系和制约，而介于执政当局与民众之间的各级行政、司法机构则是社会治理举措的主要承担者，它们之间的这种关系使执政当局、各级行政、司法机构以及民众之间形成了一种环状结构，这种环状结构就是社会的圆形治理（图8.1）。

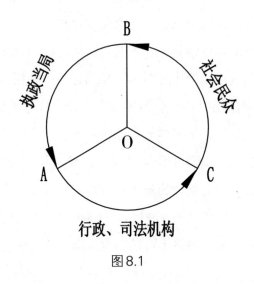

图8.1

在这种圆形治理中，国家和地方执政当局不直接参与社会治理，只是听取民意，制定政策与法律法规，监督行政、司法机构实施社会治理，并从民意中收集和体验效果；行政、司法机构的职权不由执政当局授予，而由法律法规确定。它们三者之间在社会治理中各司其职，各负其责：各级执政当局对社会治理效果负责，行政、司法机构对社会治理实施负责，民意对执政当局去留负责，或者说民众体验社会治理效果的优劣，决定执政当局在选举中的去留。在这种社会的圆形治理中，民意成为政权取得的核心，也就成为社会治理的核心。

民意有哪些方面呢？从人的生物属性上溯源，民意包含了民生、民智和民情。民生是人的体质属性的表达，是人的生存基础，包括吃穿住行育和生老病死等；民智是人的智力属性的表达，包括知识教育和创造发明等；民情是人的感情属性的表达，包括喜怒哀乐、爱憎嗜好等。如果与以人的生命运动的几何图形（见图2.2）结合起来，就会得到一个新的几何图形（图8.2）。在这一图形中，OA就是人的体质属性线，OB就是人的智力属性线，OC就是人的感情属性线，介于它们之间的空间部分，按顺时针方向就分别是民生、民智和民情部分，这一新的图形就是社会圆形治理的完整表达，标志着人类社会治理高级形态的到来。

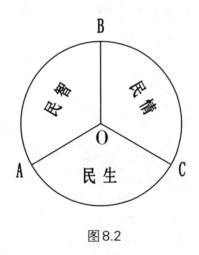

图8.2

（三）线性治理与圆形治理比较

线性治理体现统治集团的权威和社会等级，圆形治理体现社会阶层的相互制约和依存。在线性治理中，执政当局与行政、司法机构处于同一层次，共同构成社会治理集团，社会民众处于治理集团的层层掌控之中，他们的思想意志很难得到体现和伸张，当社会矛盾激化时，民众最终只有采取暴力的形式说话。历史经验表明，这种暴力说话多数会被执政当局内部对抗势力所利用，成为他们改朝换代的工具，一旦实现朝政交替，又是下一轮社会线性治理的开始。社会线性治理是一种以前带后的运动，需要非常巨大的带动力量，如同大家站在一块地毯上，你要去拉动它，既不省力也不快捷，承载在这一体系上的人类社会文明进步自然就十分缓慢。

社会的圆形治理则完全不同，它以圆的形式滚动前进，在力学原理中，这是一种简便省力的运行方式。以国家和地方两级治理为例，就可以形成大圆套小圆的结构形式，即国家治理为大圆，地方治理为小圆，而处于两圆之间的就是行政、司法机构，它们的内部管理也会形成分圆形结构，这样一来，整个社会治理方式就是一个轴承式几何结构（图8.3，虚线表示小圆的省略）。轴承是运动物体的良好载体，人类文明在这样的载体上运行，自然就十分顺畅而得体，这也是民主体制下社会能够快速发展的原理所在。

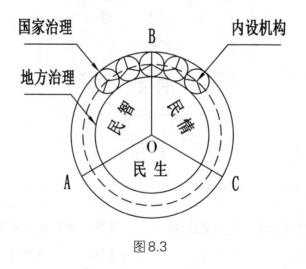

图8.3

二、德治与法治的分野

社会治理从内容上分大致有三种形式，即德治、法治和德法兼治。社会学一般认为，道德是指人们共同生活的行为准则和规范，道德由一定的社会经济基础所决定并服务于一定的社会经济基础。法律是指国家制定或认可，以当事人的权利和义务为内容，由国家强制力保证实施的行为规范，法律具有社会的普遍约束力。从这里可以看出，道德和法律的共同指向都是同一事物，即人的行为规范。

人类社会自有经济活动以来，就有了道德的存在，道德也就先于法律产生。道德是人们在经济生活中最早的认识成果，具有认识的原发性而成为民间风俗的母本。国家产生以前，人们就在道德的规范上共同生活，国家产生以后又有了法律的约束。国家起源于人们权力的自然转让，国家一旦形成就有了上层建筑，上层建筑是一种政治实体，国家制定法律也就必然带有政治倾向，并由国家强制力保障实施。政治虽然是经济的集中反映，但它不能替代经济的基础性作用，也就是说，不管法律怎么强大，都不能代替道德的存在，并影响道德成为超越国家而适应于任何社会的内在要求，这种内在要求由道德认识的原发性所决定。

道德与法律在社会治理中有它的两大分野，这种分野决定了道德与法律的不同作用。

（一）功能性分野

道德是一种社会自觉，法律是一种国家自觉。社会的内在运行是在道德的轨道上自发进行的，这种自发是一种社会自觉；社会的外在运行是在法律的轨道上强制进行的，这种强制是一种国家自觉。法律的强制性使社会运行有了外部维系和框架，即人的行为不超越这个维系和框架就可以了，而道德的自发性则是整个社会有了融合。国家要在重视社会外部维系的前提下，注重社会的内在运行，承认道德的价值较法律有着更为向上的引导力量，或者说，以法治国是国家的底线，在这之上就得靠道德。

道德先于法律的存在，还在于法律产生以前道德就涵盖了法律的内容，并为人们所普遍认同和遵守。国家诞生之初，最早制定法律不是空中之物，而是对道德内容的部分筛选，是在道德基础上的制定、衍生和完备。法律产生以后，道德和法律自成体系，共同治理着社会，这既是人类理性认识成果的进步，也是人类理性认识成果的必然分类。

法律从道德中派生出来，表明道德是法律的根基，在这种根基下，法律不得违背道德原则，不道德的法律是不能成立的，即便是制定了出来，也是人们认识上的偏差，或者一种历史性局限。从古代社会到当代社会，法律为什么总是在不断地修改，除了内容上的简繁增删外，其主要精神就在于此，就在于法律不能违背道德的原则。中国古代社会就刑法中的死刑而言，除斩刑以外还有脯、焚、剖、剔等手段，甚至出现五马分尸、千刀万剐这样的酷刑，这些酷刑得以逐步废除，从外部看是社会进步的结果，从内部看是它违背了道德的原则。道德与法律相比较，道德的基本内容总是一定的，只是随着时代的变迁，演化出新的提法，这就显示出道德在社会治理中的原发性认识力量。

道德的原发性和法律的强制性，使道德和法律在相生相伴的过程中有了明确的社会分工，这种分工也导致法律上的行为规范从道德上的行为规范分离出来，使法律成为保证社会正常运行的措施，能够涉及社会经济基础以及由此产生的上层建筑的全部领域，具备了治事的功能，而道德上的行为规范仍然只是人的行为规范，特别是人的个体行为规范，具备了治人的功能。

治事是社会运动的外部维系，治人是社会运动的内在要求。经营活动属于法律的范畴，人际关系属于道德的范畴；盗窃抢夺属于法律的范畴，满嘴谎话属于道德的范畴。这是因为经营活动和盗窃抢夺这种行为已经涉及了整个社会的正常运行，而人际关系和满嘴谎话则是个人的品行问题，这就有了道德和法律在社会治理中的不同分工，有了道德治人、法律治事的分野，这种分野就是道德与法律的功能性分野，也是道德与法律在社会治理中由内向外扩散的演绎。

人类社会是一个以人为中心的社会，治人相对于治事，是社会的终极治理。人治好了，事也就容易治了，这正如没有了不端品行，又哪来的盗窃抢夺，人的行为诚信文明了，坑蒙拐骗的事也就消失了。

（二）本质分野

有了道德与法律的功能性分野，就有必要进一步揭示它的本质分野。人在行为上最终反映的都是人的本质，作为道德与法律的共同指向，人的行为规范也离不开人的本质而独立存在，这就有了道德与法律本质分野的成因，那么道德与法律的本质分野是什么呢？

人的个体本质非善即恶，没有中间状态，具有人的本质的一维性；人的整体本质是一个善恶的综合体，具有人的本质的二维性，这是《人性的金字塔结构》一章中的论证。善来源于人的感情属性，人的亲情、友情和爱情在人的感情属性中先后诞生，形成了长幼有序、亲疏有别的秩序，这种长幼有序、亲疏有别的秩序就是人的行为规范的最早雏形，道德也就有了人的自觉，并与人性本善发生着天然的联系，有了最初意义上引人向善的一面。人的体质属性产生人性本恶，暴力作为人性本恶的表现形式从来就没有离开过人的行为，法律作为一种强制性的行为规范，也就有了源于人性的暴力起点，以暴制暴也就成为法律的刚性力量和初衷之一。道德法律与人的本质的这种联系，使道德法律有了它的原始成因，形成了它的根本分工，这就是道德治善，法律治恶，这种根本分工就是道德与法律的本质分野，也是道德法律在善恶指向上的必然反映。

但道德与法律本质分野就其成因而言，还不是道德法律的本身，只有当道德法律进入人类理性的层次才能形成它真正的内涵，使道德不再是人性本善的形态，法律不再是人性本恶的形态，而是经过了民主和真理的改造，成为人类理性的认识成果，这在第三章《理性之光》一节中已有论证。由于人类理性在现实上包含了人性善恶的合理成分，道德法律在成因上形成的这种本质分野也就具备了它的合理性，也就是说，道德与法律的最高境界就是它的合理性，这就有了道德与法律的两条原则，即法律不能违背道德的原则，道德与法律必须合理的原则。

这里需要强调的是，道德与法律作为人类理性的认识成果，在源头上，善仍然是道德的本源，恶仍然是法律的本源。从这种本源上可以看出，如果人都是善的，那么社会就只有道德的存在；如果人都是恶的，那么社会就只有法律的存在。人的二维性本质表明，人性善恶是同时存在的，这就有了道德与法律的共生现象，有了早期道德包含法律的混沌状态，同时又奠定了道德治善、法律治恶本质分野的基础。

三、德治与法治的价值取向

道德治善并不是扬善，只是保留了善的合理成分，使之符合人类理性的要求，除此之外，人的过度行善不再在道德的范围之内，这就决定了道德不是扬善，不是把道德的标准提得很高，把人的行为向至善的方面引导。道德对善的治理，包含了两层意义：一是对符合理性要求的善进行认定，使之转化为人类文明；二是对不善进行抑制和修正。道德对善行进行回馈，包括精神与物质的奖励，不是弘扬，而是一种有限的社会弥补，客观上也起到了对善的保护，使之不至于总是处在"吃亏是福"的极端生存状态之中。本善的人特别是其中至善的人，一有机会就要行善，这是他们本质的自然焕发，永远也消除不了，这就需要一种回馈机制，以部分弥补社会对他的亏欠，这时候善就进入了理性的尺度之中，即"行善求报"的认识之中，当然行善者也许并无此意，但社会要做到这一点。慈善不是行善，是人们精神层面的信仰而带有某种宗教色彩的理性行为，虽不能与人类理性完全契合，但毕竟是人的个体理性，这就有了与一般意义善的区别。

法律治恶并不是对恶的惩处。法律治恶是在保留恶的合理成分的前提下，对人的过度行恶进行治理，使之符合人类理性的要求，这种治理是通过"惩罪"的方式来实现的。罪是人的行为结果，不一定涉及人性本恶，有时候也涉及人性本善，所谓善良人违法就是如此。法律治恶还有另一层隐含，就是对恶的保护。某个人危害社会甚至触犯了众怒，如果处在民间就有了生命之虞，但法律不能"除恶务尽"，甚至是可以通过法律的张力为其开罪的，或者说罪人一旦进入法律程序，境况就有所改观。法律在惩罪的同时也在救人，恶人也是人，也需要救赎，用句世俗的话说，法律就是让有罪的人活得不那么惬意，使其在失去自由、接受惩罚的同时，有一个重新做人的机会，或者维持最低的生命存活时期，如同"秋后问斩"而不是"斩立决"。

所谓善恶的合理成份，是指从人性偏善与偏恶之中分离出来的合理部分。这些部分一旦进入人类理性的有机组成之中，就不再是人性善恶的原生态表现，而是经过了人类理性的改造，成为人性的正常表达。人的过度行恶是人类生存的现实威胁，人的过度行善也不适应人类的生存。人类社会是一部善恶斗争史，这种斗争在人类社会进步的曲线运动中是一种上下振幅，道德和法律就是要逐步削弱这种振幅，包括战争与阶级斗争，当然也不能完全消灭这种振幅，这是道德和法律的历史担当，任重而道远。

道德和法律在社会治理中的本质分野，体现出人性之本的两个方面，如果单纯地采用以德治国或者以法治国，都不能达到社会的全面治理，都会使社会治理失衡。中国古代先秦时期，商鞅强力推行法治，结果把自己也给治死了，后来成为一则故事，叫作"作法自毙"，说的是商鞅在变法失败后，逃到函谷关，没有身份证明无法住店，店家无证收留又有连坐罪，这样一来，商鞅就只能在一国之隔的边界束手待毙了，并自我感叹"嗟乎，为法之敝一至此哉"。

历代统治者为实现社会的正常运转，多以德法兼治为主。但这种德法兼治是在没有认识到德治、法治本质分野的情况下进行的，在实践的过程中长期造成了德治、法治的失衡或错位，使德法兼治并没有真正发挥它的作用，甚至造成了社会治理方面的颠倒和混乱。孔子强调德治、韩非子强调法治，都不能实现社会的平衡治理，直到现代社会也没有完全解决好这一问题。一个重道德的民族往往会把一些应该属于法律的内容列入道德的范畴，一个重法制的民族往往会把应该属于道德的内容列入法制的范畴。由于法律的强制力高于道德的约束力，这就产生了一种短期现象，就是重法制建设的民族与重道德建设的民族相比较，其社会面貌可能显得更为规矩，但它会过多地限制人的自由。

正常的情况应该是：任何国家都应当有自己独立的道德体系和独立的法律体系，并且旗帜鲜明地对社会的不同方面实施治理。既然是对社会的治理，那么道德就应当有道德的手段，法律就应当有法律的手段。道德一般以奖励和荣誉为主，但必须辅以戒免。某些人在道德面前不要脸，社会就不要给他脸，这是道德应该具备的严肃性和威慑力。公开谴责、信誉降级、职业禁入、交通限制、消费约束、劣迹披露等，直接影响到社会对当事人的认同而有着巨大的荣辱感。道德严肃了，就有了与法律一样的执行力，社会的自觉性就会逐步兴起，法律也就少了很多事，这就需要国家制定出一部像法律一样具有执行力的全民道德规则，而不仅仅是某种倡导与宣传。

道德涉及人的行为规范，法律则由人的行为规范上升为社会的运行措施。制定人的行为规范就是道德的根本任务，保障社会的正常运转就是法律的根本任务。体现在社会治理领域上也有两个基本方面，一个是对经济秩序的治理，一个对是人文环境的治理。经济秩序是经济社会运行的基础，人文环境是人际关系的文明构建，有了这两个方面的治理就有了社会的基本治理。经济秩序一般是法治，通常叫作"以法办事"，人文环境一般是德治，通常叫作"以德服人"，介于两者之间或由此派生出来的领域，能够德治的首先要德治，不能德治的必须法治，这种能与不能的标准就是事件涉及的内容仅仅是人的行为规范，还是上升到了社会的运行安全，而对此的进一步界定又需要进行定性和定量分析，实现社会科学与自然科学在方法上的结合。

"依法办事"是通过治事达到治人的目的，"以德服人"是对人的直接治理，是通过治人达到治事的目的。人们在日常生活中，道德具有优先地位而不是法律具有优先地位，是道德具备社会自觉的反映。人们遇到矛盾首先就是要讲道德，道德讲不过去的时候才去讲法律，就是不到"撕破脸"的时候，人们不会拿法律说事，社会也就有了文明礼貌的一面。"礼貌"的另一面就是"互怼"，到了"撕破脸"的时候就需要法治。

道德在人们的团体和组织系统中一般会转化为纪律和规章。道德规定人应该怎么做，而法律规定人不应该怎么做。道德对人的行为规范高于法律对人的行为规范，是道德治善、法律治恶的本质体现。在一个国度里，要遵守一个国家的道德标准，不触犯一个国家的法律底线，合起来就是遵纪守法。遵纪的人一定守法，守法的人不一定遵纪；遵纪的人适应于团体职业，守法的人适应于个体职业，这是一种社会经验。

前面已经阐述，道德和法律作为人类理性的认识成果，经过了民主和真理的改造，道德不再是人性本善的形态，法律也不再是人性本恶的形态。那么民主和真理又是怎样对道德和法律进行改造的呢？民主是人类理性的外延，真理是人类理性的内涵。民主决定了道德和法律在制定上必须具备广泛的民意基础，反映绝大多数人的意志；真理是事物真相和其中道理的统一，是人类对事物认识的科学结论，这种结论以知识的形式保存了下来，在人类漫长的历史过程中，始终发挥它无以替代的作用。道德和法律在制定的过程中，也是一个听取民众意见、吸取前人知识的过程，真理也就决定了道德和法律的公正性。道德和法律的民意性、公正性表明，它的制定绝不是少数人和少数团体的事。在司法实践的历史过程中，也出现少数人和集团干预道德和法律制定的事，使道德和法律偏离了公正的轨道，这种极不正常的情况，会在未来更为完善的民主社会中得到纠正，这种纠正的力量当然来源于民主的本身，那种完全适合于人类生存发展的道德和法律体系会在这种完善中到来。

这里还有一个问题值得注意，就是"人治"与"法治"的问题。中国社会科学院学者房宁对此的理解很有见地，他说："法治不是一个点，不是一个线，而是一个可能性的空间，在这个可能性的空间里就是人治。"其实德治、法治包括经验性治理，都是人治的一些具体方式，都包含在人治之中，整个人类社会都是以人为中心的社会，人都被忽视了，还谈什么治理呢？同时，从"人治"与"法治"的概念上讲，人治讲的是治理主体，法治讲的是治理规范，属于不同的概念分类，没有可比性。这一问题之所以被扭曲地提出来，主要还是社会治理本身出了问题的反映，是德治与法治在实践过程中的偏离引起的舆论躁动。

四、社会治理中的人性两难

社会治理不管形式上是线性治理，还是圆形治理，内容上是德治、法治，还是德法兼治，社会治理都遇到了一个不可回避的现实问题，那就是治理者是人，被治理者仍然是人。一个人在现实生活中，扮演的往往是双重角色。在一个领域里或者一个层次上，他是治理者，在另一个领域里或者另一个层次上，他又是被治理者。这正如一个公职人员驾车外出，他就有了驾驶员的身份，就要受到交通规则的治理，就由一个治理者变为一个被治理者。在这种治理与被治理的过程中，人性善恶始终伴随其中，并且自觉或不自觉地发挥着作用，这就产生了社会治理的人性两难。

任何时期，国家制定道德和法律，虽然有一定的历史局限性，但也是当时人们的理性认识成果，体现出当时人们的认识水平。如果把古代的一些道德法规条文拿出来给现代人看，其中一些内容可能无法让人接受，但就当时的情况而言可能是适应的、必要的。历代执政当局为了能够长期地获得统治地位，主观上都有把社会治好的愿望，理性地制定人的行为规范和社会的运行措施，并使之上升为道德和法律而加以推行，成为他们不可回避的现实选择。但为什么治理起来总是不尽如人意，总是会出现诸如有法不依，执法不严，选择性执法和道德沦丧等诸多问题呢？

从人的一维性本质上讲，人的个体非善即恶，没有中间状态。在社会治理的过程中，本善的人会以善的方式影响着道德与法律的实施，本恶的人会以恶的方式影响道德与法律的实施。道德在源头上是人性本善的产物，这就使得本善的人对道德有着天然的亲和力；法律在源头上是人性本恶的产物，这就使得本恶的人对法律有着天然的亲和力。在自发状态下，讲道德对本善的人有效，讲法律对本恶的人有效。本善的人不会主动地去触碰法律，也就少了一分对法律的关切；本恶的人不会主动地去顾及道德，也就少了一分对道德的关切。

道德和法律一旦形成，执政当局本身就有遵守的义务，并使之自觉或不自觉地成为社会治理的对象，但他们的地位又具备打破这种治理的便利，严以律人、宽以待己的问题就随之产生，特别是在皇权时代，权贵们往往能够置身道德法律之外，甚至会按照自己的善恶喜好来对待道德和法律，并且做出种种诠释，扭曲道德和法律的执行，直至变更道德法律，搞法外立法，以利于维护自身的利益和地位。

各级行政、司法机构介于执政当局和民众之间，不管是依法行政，还是直接司法，对上要负责，对下要与民众打交道，在社会治理中，他们处在人性善恶的夹缝中，这就要求官员要有一种善恶兼容的特殊本领，特别是在社会线性治理的过程中，这种情况非常突出，所谓"宰相肚里能撑船"就是这种情况的现实写照。善恶廓得太清，执法太严，办事太认真，一部分人满意，另一部分人不满意，这就有了"水清了藏不了鱼"的社会认同，特别是涉及权贵们的利益时就开始"和稀泥"，"太子犯法与庶民同罪"在执行上是很难做到的，多数情况都是一种摆设。而法不责众，杀一儆百，这种明显有悖于公平正义原则和法律面前人人平等精神的事也就成为一种处理问题的方法。

一个政权在初创的过程中会吸引一批人才，这些人才多数不是为官而来。在极其艰险的环境中，他们以改造社会为己任，出生入死，成就一番事业，有了这些人在往往能够保持初创时期的一段清明，但随着社会治理和平时期的到来，善恶兼容的官场用人方法就会显现出来。中国古代有"中庸之道"，并且逐步演变成一种官场哲学，这其中主要裁取了它的两层意义：一是不偏，一是中和。孔子在《论语》中对为官之道作了一番诠释："多闻阙疑，慎言其余，则寡尤；多见阙殆，慎行其余，则寡悔。言寡尤，行寡悔，禄在其中矣。"意思是说：多听，有疑问的地方先予以保留，对其余无疑问的谨慎说出，这就能减少过失；多看，有疑问的地方先予以保留，对其余的无疑问的慎重地实行，这就能减少悔恨。言语上减少过失，行为上减少悔恨，官职俸禄就在里边了。

中国古代朝政更替从某种意义上讲都是官场的重建，是官场由成到败，由败到成的循环。有一种历史现象非常值得关注，就是有为的政治家们在历史的评价中往往毁誉参半，这是因为在社会治理中，如果他们惩恶扬善，必然会得罪于"恶"；如果完全按理性办事，可能"善""恶"两面都不讨好，"不讲人情""不给面子""六亲不认"成为他们的口碑。古代社会，文化大多掌握在有钱有势的人手里，要正直为官，总有开罪于他们的时候，这些文化人中的一部分就会让他们"毁"中过半。惩恶扬善并不是人类理性的方向，但在理性社会没有完全建立起来之前，从保持社会善恶平衡的角度上讲有它存在的价值，当今学者对于一些历史人物重新进行研究评价，弄清原委，也是对历史的负责。

社会治理面对千家万户，各种诉求都有，但最终表达的都是人性善恶，这种善恶往往又被具体的事物所隐含，处理起来都有一定的难度，通行的办法就是"先易后难"或者"从易不从难"。这种选择性的突破往往会从善的一方着手，最后的"钉子户"最后解决，"钉子户"本质上是人的一种善恶现象。如果有权益伤害，受到伤害的首先是善的一方，这种伤害如果不是特别地不能接受，善的一方往往是能忍则忍，能让则让，以求息事宁人。官有刁官，民有刁民，都是人性善恶的通常反映，人们在一定的幅度内往往也是能接受就接受，不能接受也没有办法。

善对恶有时候也有依仗，就是希望通过他们的行为为自己带来正当利益，甚至超额所得，但这种情况很少实现，多数情况都是暗箱操作而对恶的单独安抚，家事国事包括国际事务都有这种情况，很多社会事态看起来是平息了，其实都是善的一方做出的某种让步，留下的后遗症就是社会不公，社会不公一旦演变成一种社会风气和普遍现象，善的一方生存就会遇到挑战，团体斗争就会随之而来。

道德治善，法律治恶。就人的一维性本质的而言，任何人都是社会治理的对象，在这种治理中，谁都不愿意受到不公正的待遇。但在司法实践的过程中，不管是出于善意、恶意，还是理性认识上的差距，都有造成错判误判的可能。为了解决这一问题，法学界就提出了一个"疑罪从无"的原则，在这一原则下，"宁可错放，也不错判"就成为司法实践中要付出的代价。其实，只要有人的参与，即便是有"疑罪从无"的宽度，也很难完全避免错判误判。纠错才是司法实践中的重中之重，错判之后国家赔偿的意义也就在这里。

法律上有以事实为依据、以法律为准绳的提法，其实仔细琢磨一下，其也有不完整的地方。任何案件在判定的过程中，都有一个逻辑推理问题，逻辑是人体自身存在的一种思维科学（这在相关章节已有论证），能使事实与根源联系起来而得出正确的结论。在判案的过程中为什么要寻找当事人的动机，就是要探明动机与案件的联系，这种联系相对于案件本身更具有内在价值，而事实有时候会有假象，有时候则无法找到，有时候则是当事人不配合的抵赖，如果这时候没有逻辑推理，疑罪从无就会失去边界，善恶就会在其中发挥更大的回旋作用。完整的提法应该是"以事实为依据，以法律为准绳，以逻辑推理为内在联系"，这才是法律判案的完整原则。

五、社会治理与人工智能的选择

社会治理中的人性两难，这一来自人的自身问题成为社会治理中一个无法跨越的障碍，但当代科学技术为解决这一难题提供了现实工具，这就是以计算机为代表的人工智能。

人的智力属性是人的三种原始生物属性之一。人一生下来，不管你愿不愿意，除了非正常情况，人都会产生智力，人的智力属性包含了人的认知能力、模仿能力和创新能力。人的创新能力是人与动物两大重要分水岭之一，这在第三章《人的动物特征与区别》一节中已经论证。人类社会的进步，也包含了人认识事物、模仿事物到创新事物的过程。人为什么要创新事物？回归到人的自身上来，就是要把人从繁重的体力劳动和脑力劳动中解脱出来，没有这种解脱，人就很难真正实现自我解放和自由。当代社会以工程机械和计算机为标志的科学技术的发展正在逐步实现这种目标，特别是以计算机为代表的软实力的出现，使人工智能成为现实。

人工智能的出现是人类社会发展史上一次质的飞跃，这种飞跃来源于人类社会进步量的累积。从电的发明到各种新材料的发现，计算机技术不断由低级向高级进化，目前，已广泛运用了到自然科学、社会科学的各个领域。计算机的运算速度、控制能力和加工精度，是人无法替代的。人脑和电脑并驾齐驱，将共同推动未来社会的发展，特别是信息社会的到来。

对待人工智能，历来有一种认识，就是人工智能无论怎么发达都无法超越人的智力，新材料的发现、高精度工艺的运用、程序设计、指令操控等都是人为的产物。但这种认识忽视了一个基本前提，就是人工智能是人的集体智慧的结晶，又经过多少代人在时间和空间上的累积，相对于人的个体来说有着无法企及的高度。人对程序的设计即便完全是个人的成果，也只是人工智能合成上的一个环节，是在前人程序基础上的一种推进；人的指令操控也只是人在人工智能上的个体分工，从事的是人工智能中某一方面的工作，相对于人工智能所要完成的综合性任务，只是一种简单劳动，譬如日常计算，人只需要输入数据就可以了，复杂的计算问题则由计算器来完成。从芯片集成到摩尔定律，人工智能有全面超越人的个体智力的趋势。可以肯定，人工智能是人的集体智慧和时空积累的综合存在形式，是人的生命的模态化再生，人的个体，包括有限团体都难以与其抗衡。

社会治理在形式上有线性治理和圆形治理，内容上有德治、法治和德法兼治。从比较中可以看出，圆形治理和德法兼治是民主社会的优选方向。圆形治理实现的是社会治理的全民参与；德法兼治解决的是社会治理对人性善恶的适应性问题，即道德治善，法律治恶，也是德治与法治的本质分野。在此基础上，再引进计算机进入道德和法律的判定环节，就能够排除人性善恶的干扰所产生的误判、枉判、延判问题。计算机有很高的稳定性和可靠性，是人的血肉之躯、情感之魂无法办到的，只要软件编程正确，它的结论就不会有错误。任何法律在实施的过程中都有两个可能阶段，一个是宁可错判，也不错放，即从严阶段；一个是宁可错放，也不错判，即从宽阶段。法律实施初期，往往前者居多，出了问题以后，往往又是后者居多，有了人工智能的介入，就可以弥合这两者缺陷，使"疑罪从无"的负面作用减少到最低。从人性的角度上讲，道德与法律就是让本善的人不吃亏，本恶的人不放纵，做到了这两条，社会就会平稳地运行，德法兼治就算很成功了。

计算机进入社会治理的判定环节，可以建立两套基础性数据库系统以及若干子系统，一套是要件的判定系统，一套是典型案例比照判定系统。人在触犯法律时，只要输入相关的内容就可以自行判定。这种判定包括定性判定和定量判定，定性是看其行为是否违规违法，定量是看其违规违法应受到何种裁量，当然也包括道德上的奖励和戒免。只要事件清楚，要件齐全，计算机就不会徇私舞弊。人对计算机的判定可以进行评审，但这种评审主要集中在当事人有无法律道德规定以外的情况，如果有就需要做出量的调整，但不能改变其定性，包括罪与非罪、奖与戒的界定，特别是罪与非罪的界定必须由人工智能这一铁面无私的"法官"来完成。这样一来，以事实为依据，以法律为准绳，以逻辑推理为取向的判案原则就会在人工智能面前实现，而人工智能本身也是一种逻辑智能。

现代司法实践中有些国家采取陪审团和法官分工制的方法进行，由陪审团确定是否违法，即定性；由法官作出刑罚裁量，即定量。这种方法虽然体现出对人的尊重，或者说是以人为本，但也导致一些违背常识的问题出现。为什么会出现这种情况呢？判定人的违法与否是定性，必然要以法律为准绳，但在陪审团的面前就变成了人为的认定。陪审团是人的个体组成，人的个体在主观上都有自己的愿望，这种主观愿望必然反映人性善恶的倾向，在罪与非罪的界定中，很难做到公平正义。陪审团毕竟只有少数人参与，就技术层面而言属于抽样调查，其代表性十分有限，它所代表的人权，也是象征意义大于实际意义。人工智能是人的集体智力和时空积累的综合存在形式，在技术上能够集成人的共识，不但没有否定人的存在，而且代表更多人的意志，与陪审团相比较，它具有明显的优势，这一优势决定了人工智能是第一位的，陪审团是第二位的。定性在先，定量在后，罪与非罪的界限必须由人工智能来完成，陪审团只能在人工智能给出"性"的基础上，对"量"做出某些合理的调整，包括"量"的归零以至于免罪，国家最高领导人对罪犯赦免也就有了根据，这既尊重了人权，也避免了罪与非罪在判定上的失误，即某人是有罪的，但在"量"存在着赦免的可能。

有一个电影译制片《判决结果·比利时》，说的是主人翁家人被杀，法律又因程序原因不能做出公正裁判而去复仇，结果导致主人翁违法，后经陪审团合议，认定其无罪释放。文学作品的故事情节和人物形象虽然是虚构的，但其反映的社会现象和问题是现实的。电影里的判决结果从法理上讲显然有些牵强附会，但又是伸张正义的必然，出现这种矛盾的根源是法律判定与陪审团的先后秩序弄颠倒了。合理的情形应该是法律判定其有罪，陪审团可将其刑期归零即赦免，即这个人在法律上是有罪的，但在正义上是可以赦免的，这才能避免了法律与陪审团的内生矛盾而趋于理性，使判案趋于合理。影片还反映了另外一个问题，就是杀害主人翁家人的罪犯被无罪释放，反映出实体法与程序法之间的矛盾冲突。程序法保障过程公平，实体法维护社会正义。影片中出现的这种矛盾看来是法律本身的矛盾，其实是公平与正义之间的关系问题。就影片而言，当过程公平因各类特殊情况和客观因素难以实现的时候，那么维护社会正义就具有优先地位，这是公平服从正义原则，这一点在《国家在人性中的意义要素》一章中已有论证。如果强化司法过程的无限正当性，把其搞得异常复杂纷繁，使民众在司法面前"看不懂，拖不起、打不赢"，人们就会失去对司法的信心。

人工智能的判定是否会遇到人道的问题，或者说判得太死，定得太硬，人就没有多少调整的余地，人道精神会被机器所淹没，其实这种担心是多余的。人道在西方的哲学里主张的是人格平等和人的尊严，说得通俗一点，就是人不能像动物一样对待它的同类。在中国传统哲学中，人道是与天道是相对应而提出来的，天道是自然法则，人道是人的品行修养。道德和法律是人类理性的认识成果，这种成果本身就包含了人道的精神，譬如对待激情犯罪问题，很多国家都做出了法理上的宽容，给予了从轻或者减轻的处罚，中国虽然没有专门的激情犯罪一说，但也包含在相关条文之中，如对大义灭亲所产生的违法，就给予了从轻处罚。激情犯罪是人在激动状态下的犯罪，一般与人的尊严和正当权益受到伤害导致情绪失控有关，这种情绪失控是人的感情的强烈表达。人性本善来源于人的感情属性，法律虽然不是惩恶扬善，但效果上也不排除对善的弥补，法律在制定之初就体现了这一精神，即法律不能违背道德的原则。人们常说的屈打成招、虐待囚犯都在法律的禁止之列，体现的也是人道的精神。

既然法律本身体现了人道的精神，那么一旦进入司法程序就不能再讲人道，法律场所本身也不是一个讲人道的地方，而是一个讲规矩的地方。任何一个案件进入司法程序，就得人人平等，没有例外。如果在这一过程中，对一方讲人道，那么对另一方就是不人道；如果让一个被惩治的对象同时又过得很幸福自由，过得傲气凌然，那么法律就会失去作用，法律以暴制暴的刚性力量就不能发挥，人类就无法阻止恶性彭胀而实现社会的理性回归。道德治善也一样，道德对善行的奖励就是一种社会弥补，有了这种弥补，善也就不再是善，而是有了某种回报的对等，有了理性的对待。

六、未来社会形态展望

人工智能进入社会治理环节，根源上就是人的综合智力对人的个体行为包括团体行为的治理，就能够摆脱人性善恶对社会治理的干扰，实现社会治理质的飞跃而真正建立起适合于人类自身生存发展的社会形态，那么，这种社会形态又是怎样的呢？前面章节已有论及，这里再做进一步阐述。

先看人的本质，在《人性的金字塔结构》一章中，人的概念分为三个层次，即人的个体、人的整体与人类，与此相对应的人的本质也有三个层次：人的个体非善即恶，人的整体是一个善恶的综合体，人类是一个理性体。人只有在人类这个层次才能从本质上脱离动物的范畴，在这一层次上，人就是人，动物就是动物，那么适应于人类生存发展的未来社会形态，就必然是人类的理性社会。这种社会的外延是民主，内涵是真理，民主与真理也就成为未来社会人们追求的终极目标，换句话说，一个讲求民主、追求真理的社会才是人类真正需要的社会。

从历史进程看，民主大致可以分为两个阶段，一个是生存阶段，一个是发展阶段。生存阶段的民主是"分蛋糕"，即每人能分到一块"蛋糕"就是最大的民主，属于单一的经济民主，其具体形式由千家万户、各行各业来自主完成。到了发展阶段，民主深入到了社会的各个领域，特别是上层建筑，这就有了由上层建筑主导完成的民主制度，这种制度能普惠全民并具有刚性的约束力。可以说，生存阶段的民主是一种经济窘迫下的被动民主，发展阶段的民主是一种刚性制度下的主动民主，而具有了民选的性质。如果一部分人还在生存阶级，一部分人进入了发展阶段，那么，社会就有了对民主制度的不同关怀，这就有了民主的内生矛盾，需要在人们的共识下实现民主的全民契合，而不能单独强调某一方面民主。

在人类历史的长河中，思想家们提出了很多民主社会形态的构想，归纳起来大致有三种样式，即民本社会、人本社会和公民社会。

在民本社会中，民是相对于官建立起来的一个概念，君君臣臣、父父子子，人与人之间就不能平等，也不可同日而语。虽然历代有作为的思想家想打破这种惯例，强调以民为本，但都只是作为一种主张提出来的，从未真正建立起这样的社会。民本思想起源于中国的商周之交，提出"民之所欲，天必从之"，和"政之所兴，在顺民心，政之所废，在逆民心"。到了春秋战国时期，孟子在孔子仁政的基础上，明确提出了"民为贵，社稷次之，君为轻"。当然这些主张在中国古代社会，只是作为统治集团改良统治的一种参考，而并非一种实际社会存在。

在人本社会中，人的社会主体地位得到了承认和强化，这是一种历史的进步。人本是什么呢？意义上理解就是人的本质。人的本质在个体上非善即恶，整体上是一个善恶的综合体，人类则是一个理性体，那么以人为本到底是以善为本，还是以恶为本，或者以理性为本呢？没有说清楚，也说不清楚，以人为本的社会必然就有一种"和稀泥"的特征，社会是治理不好的。倡导人性本善，恶做不到；倡导人性本恶，善不答应，倡导以理性为本当然很好，但三项之中选谁呢？如果从易不从难，从近不从远的话，那么善恶就首当其冲。人类社会从打打杀杀中走来，不是哪一个人想做的事，而是人的本质的决定。

　　人本在中国古代社会与民本含义基本一致，西方社会作为一种社会理想提出来，是在人性本恶观的基础上建立起来的，本身就有对"恶"的迁就。如果当"人人都是自利的"在一个倡导人性本善观的国度里提倡，那么，整个社会的价值观就会推倒重来，这种推倒重来当然不是社会的进步，但也不是社会的倒退，而是社会的平移，社会是不需要这种折腾的，不需要这种平移。

　　公民社会是在当代崇尚法治观念的基础上形成的一种社会思潮，是单一的法治社会实践，这种社会治理实际上是把道德列入法律的范畴，使道德具备了法律的强制效力，道德本身也就不复存在。道德治善，法律治恶，是道德与法律的本质分野，如果社会只选择一只脚走路，那么本身就是不健全的。

　　在单一的法治社会，人们会变得谨言慎行起来，看起来社会井井有条，其实大家都有一种潜在的生存恐惧，司法权在人的个体面前变得无穷之大，甚至出现警察滥用枪支弹药的问题。公民社会非常强调人的个性解放和自由，但这种个性解放和自由，是在法律超常约束的情形下进行的，是人的自觉行为的一种额外形式，法律就像一条无形的绳索警示着人们，稍有出格就有违法的可能。在这种社会里，人们过得非常小心，表面上文明，一有例外就会发泄出来。某些国家打遍全球，从某种意义上讲，就是他们在脱离了国内法制环境的情况下一种例外发泄和任性。

　　世界由热战打到冷战，现在又打贸易战，解决贸易战最有效的办法是互利互惠，但互利互惠是道德问题，如果面对单一的法制国家，道德是没有约束力的，或者说只要不违背法律的底线，对于法制社会来说不讲道德又何妨。单一的法制国家也会刺激律师行业的超常发展，甚至使律师变成当事人的合伙人去牟利。

　　既然民本社会、人本社会、公民社会都有其先天缺陷，那么，社会形态的最优选择是什么呢？前面的回答是人类的理性社会。理性在人类这一层次上是人的共同本质，这种本质的外延是民主，内涵是真理，一个讲究民主、追求真理的社会才是人类追求的终极社会。任何社会进步都是人的进步，而人的个体在人性善恶上又是不能改变，或者说，本善的人不能向本恶的人转化，本恶的人不能向本善的人转化，唯一能够转化的就是向人的理性方向转化。人的进步在现实上又表现为人文进步，那么，人文社会也就成为人类理性社会的载体和外形，人类理性社会也就可以直接表达为人文社会。

人类社会形态从更宏观的角度上分，也可以分为两个阶段，即人类社会已经走过和正在走过的是以经济活动为主体的社会，将要走上和终极拥有的将是以人文活动为主体的社会。本书在《人性之本与人类社会进步的机理》一章中，就人类社会进步的曲线运动进行了论证，即这种曲线运动是人性善恶和人类理性相互作用的结果，这种结果使人类社会进步显得曲折而又漫长，但这种曲线运动在一定的条件下也可以转化为包含一条波幅很小的曲线的直线面运动，有了这种运动，就有了人类理性社会即人文社会的到来。

参考文献

［1］邵鹏.社会达尔文主义：被时代抛弃的主流思潮［N］.经济观察报，2021-2-20.

［2］赵晓.从生命经济学看战争，避免"理性"的战争带来最不理性的经济结果［J］.中外管理，2020（7）.

［3］冯友兰.三松堂全集：新理学［M］.郑州：河南人民出版社，2000.

［4］黎鸣.中国人为什么这么"愚蠢"——21世纪中国人应当怎样变得聪明起来［M］.北京：华龄出版社，2003.

［5］李宗吾.厚黑学［M］.北京：群言出版社，2006.

［6］柏杨.丑陋的中国人［M］.北京：人民文学出版社，2008.

［7］慕平.中华经典藏书：尚书［M］.北京：中华书局，2009.

［8］高慧芳.活学活用厚黑学［M］.北京：华文出版社，2010.

［9］李耐儒.国学基本教材：三字经［M］.杭州：浙江古籍出版社，2012.

［10］李耐儒.国学基本教材：论语［M］.杭州：浙江古籍出版社，2012.

［11］陶夕佳.中华国学百部：诗经［M］.西安：三秦出版社，2012.

［12］余敦康.中华传统文化百部经典：周易［M］.北京：国家图书馆出版社，2017.

［13］［古希腊］亚里士多德.政治学［M］.吴寿彭，译.北京：商务印书馆，1965.

［14］［德］弗里德里希·恩格斯，［德］卡尔·马克思.马克思恩格斯选集（第4卷）［M］.北京：人民出版社，1972.

［15］［英］达尔文.物种起源［M］.周建人，叶笃庄，方宗熙，译.北京：商务印书馆，1995.

［16］［英］达尔文.进化论：弱肉强食的故事［M］.梅朝荣，译.武汉：武汉大学出版社，2007.

［17］［法］卢梭.社会契约论［M］.何兆武，译.北京：商务印书馆，2009.

［18］［丹］霍甫丁.西洋近世哲学史［M］.彭健华，译.上海：上海社会科学院出版社，2017.

后 记

大约是好事多磨吧，历经十年打磨，数次修改，本书终于要出版了。十年努力，一日付梓，心情些许轻松。之所以耗费如此巨大的努力破解人的本质问题，是想告诉人们：人类社会进步之所以如此曲曲折折，其根全在于人的自身，全在于人的本质运动和相互作用。面对社会，人们不能过于乐观，因为有人性善恶的存在；人们不能过于悲观，因为有人的理性的存在，特别是人的共同理性的存在。人的共同理性始终牵引着人们前行，人类因此有了生存、发展和无可限量的未来。

最早对这一命题动心是看了央视1993年国际大专辩论赛关于人性本恶、人性本善辩论的视频，后来又读了李宗吾先生的"厚黑学原理"和黎鸣先生的"人学原理"。他们分别采用了引力和算力等方法破解人的本质问题，虽然与我相去甚远，但也为我提供了一种思路，就是解决人的本质问题依靠自然科学的方法也是一种途径。

着笔之初只是想解决善恶在人的本质上的存在，但在论证的过程中，逐步有了人的三个维度本质的发现，或者说人的三维性本质是在写作过程中逐步形成的，论证的难度也就随之大加，以至于夜以继日，甚至有时候难得把泪都写出来了。书中涉及的理论与现实问题，既是论证的延伸，也是命题应用的必然。任何理论创新如果不能回归现实，或者说是回答现实问题都是枉然和没有意义的，这就使得本书显得有些宽泛和沉重，但是它是全书的有机组成部分。

与谢大光先生常有联系，他是百花文艺出版社原副总编辑，因为读过他的文章写有感想而结谊，他对我勉励颇多。向继东先生是我成年时的笔友，他先后供职于《湘声报》和广东人民出版社，是一位资深编辑。有一次去他那里正遇他搬家，一台3吨的车，只搬走了他不到一半的藏书，他读书之广博、学识之深厚为我所感佩。正是因为他的多方努力，本书才得以面世。2021年5月，我把书的部分章节先后寄给"爱思想网"，得到了他们的大力支持，使文章进入了阅读周排行榜、月排行榜和专栏排行榜榜首或前列，并见诸各大搜索网站。向书豪先生读了网文，每节细读三遍为我校漏，所付之力难以言传，他是20世纪80年代湖南乡土派诗人的代表。湖南省作协副主席邓宏顺先生、散文家张家和先生、评论家赵慧卉女士等都给予了热情洋溢的评价，工程师朱文斌先生为我的草图做了技术制作。在此，我向他们及鼓励支持我的友人们深表感谢。

作 者

2023年11月7日